max bill

eduard hüttinger

max bill

abc verlag zürich

© 1987 by max bill

überarbeitete und erweiterte auflage
anlässlich der retrospektive
skulpturen gemälde graphik
1928–1987 schirn kunsthalle frankfurt

abc verlag zürich
edition cantz stuttgart
alle rechte vorbehalten
gesamtherstellung
dr. cantz'sche druckerei, stuttgart
printed in w-germany

isbn 3-85504-109-1

inhalt

seite 7 christoph vitali: zum geleit
9 eduard hüttinger: zum werk von max bill
31 biografische chronologie

texte von max bill
73 konkrete kunst
80 fünfzehn variationen über ein thema
117 die mathematische denkweise in der kunst unserer zeit
130 ein denkmal
166 struktur als kunst? kunst als struktur?
181 kunst als unveränderbare tatsache
205 margit staber befragt max bill
228 feststellungen 1974–87
260 die funktion der künste

269 einzelausstellungen
271 illustrierte kataloge der einzelausstellungen
274 schriften über max bill
276 buchpublikationen von max bill
278 ausgewählte texte von max bill
281 dissertationen über max bill
281 filme über max bill
282 werke von max bill in öffentlichem besitz
284 fotonachweis

max bill aufgenommen von tony snowdon

christoph vitali   zum geleit

die schweiz ist nicht eben als das land bekannt, das der welt die großen universalkünstler der renaissance geschenkt hätte. doch sofern vielseitigkeit und genialität kriterien für diese ehrende bezeichnung sein sollten, revanchiert sie sich im 20. jahrhundert: mit max bill. architekt, maler, bildhauer, produktgestalter, schriftsteller, lehrer und politiker. nicht zuletzt ist er auch ein erfahrener ausstellungsmacher, der sich spontan für die räumlichen möglichkeiten der schirn kunsthalle frankfurt begeisterte. ihm vor allem ist es daher zu danken, daß frankfurt, wo vor knapp einem jahr mit der «kontinuität» die monumentale realisierung eines klassischen bill-themas enthüllt wurde, nun schauplatz einer umfassenden retrospektive dieses in seiner ästhetischen und moralischen konsequenz eindrucksvollen œuvres sein kann.

doch vielleicht läßt sich, bei aller gebotenen vorsicht und allen historisch bedingten unterschieden, doch auch eine tiefergehende verwandtschaft bills mit den ahnen unserer ästhetik, wie leon battista alberti oder leonardo da vinci, konstatieren. es verbindet sie die vorstellung von einer objektiven schönheit des kunstwerks, die sich gründet auf einen wissenschaftlich abgeleiteten formenkanon und auf die versöhnung von gefühl und vernunft. im 15. wie im 20. jahrhundert, im zeitalter der bürgerlichen aufklärung des 18. wie in dem der computertechnologie kommt diesem in der kunst angestrebten ausgleich menschlicher antriebskräfte eine politische dimension zu. «politisch» im eigentlichen sinn, nämlich als ausdruck des selbstverantwortlich und frei innerhalb einer gesellschaftlichen ordnung agierenden individuums. bills aktive teilnahme an der politik im züricher gemeinderat und im eidgenössischen parlament sind gelebter ausdruck seines glaubens an die utopie einer «angemessenen allgemeinen sozialen ordnung und einer angemessenen geistigen ordnung», die er selbst in «kunst als unveränderbare tatsache» einmal forderte.

«an-gemessen» – dies wort evoziert kernbegriffe des bill'-schen denkens wie «maß» und «proportion», zugeschnitten auf den menschen (und denken wir nun nicht abermals an alberti?), der doch auch die negative fähigkeit besitzt, harmonie durch un-maß zu gefährden, wenn er sich von grundlegenden wahrheiten der vernunft verabschiedet. bills «konkrete kunst» – er selbst hat sie am besten definiert – ist sichtbar gemachte, «konkret» gewordene erkenntnis der strukturen, die alle ordnung bestimmen. «kunst = ordnung». ordnung nicht als reglementierung, sondern als schöpferischer akt des denkens gegen das chaos und die anarchie. und so sind bills gemälde und skulpturen mehr als kunsthistorisch klassifizierbare äußerungen der konstruktiven abstraktion oder vorläufer der op- und minimal-art. sie führen uns sinnlich die schönheit der ratio vor augen und spannen weit den bogen zurück zu unseren aufklärerischen traditionen, deren ideale zuweilen belächelt werden, und doch auch für die zukunft lebenswichtig sind. nicht nur für das ästhetische vergnügen, auch für diese mahnende aufforderung, unsere idealistische utopie nicht zu verlieren, haben wir max bill zu danken.

eduard hüttinger: zum werk von max bill

unveränderter text der 1. ausgabe 1977

«ich bin der auffassung, es sei möglich, eine kunst weitgehend auf grund einer mathematischen denkweise zu entwickeln.» der satz steht in einer abhandlung, vielleicht sagt man besser: einem traktat (denn es wird etwas lehrmässiges, bekenntnishaftes vermittelt) von max bill des titels «die mathematische denkweise in der kunst unserer zeit» (1). dieser 1949 erstmals gedruckte, in der folge rasch berühmt gewordene traktat erschien mir schon immer in dem reichtum des publizistischen werkes, mit dem max bill sein eigenes praktisch-künstlerisches schaffen begleitet und umkreist, als eine der wichtigsten äusserungen.

bill atmet, neben den vielen gebieten, die er als ausübend tätiger pflegt – architektur, malerei, plastik, gestaltung von gebrauchsgeräten, grafik, typografie –, ständig auch als theoretiker, schriftsteller, pädagoge, kritiker. die billsche bibliografie füllt seiten: sie übersteigt an umfang vermutlich jedes andere schriftstellerische œuvre seiner künstlerkollegen im 20. jahrhundert (2). max bills gedanken, aufsätze, manifeste sind vorerst selbstkommentare zum eigenen künstlerischen tun; sie deuten es, aus einer bei bildenden künstlern seltenen gabe zur verbalen artikulation, im wort, doch nicht bloss nachträglich. es liesse sich zeigen, dass zwischen dem wortbereich und dem formbereich eine fruchtbare spannung herrscht, im sinne einer wechselseitigen erhellung. bisweilen können die gedanklichen überlegungen der gestalterischen realisation vorauseilen, ein programm entwerfen, das dann später erst anschauliche form gewinnt. so repräsentiert max bill einen inbegriff des denkenden künstlers; denkende phantasie macht die mitte seiner arbeit aus; von ihr her schöpft sie die entscheidenden antriebe, damit hängt es zusammen, dass max bill sich selber der beste interpret ist; er hat den eigenen werken die schlüssigsten kommentare mitgeliefert.

das ist keine selbstverständlichkeit; denn den reflexionen im wort, das künstler dem persönlichen machen widmen, eignet nicht selten eine erstaunliche blindheit, eine entwaffnende naivität in bezug auf die es *wesentlich* bestimmenden elemente. bei max bill dagegen scheint immer wieder das durch kant und schleiermacher erwogene, am schlagendsten

1
max bill, «die mathematische denkweise in der kunst unserer zeit», siehe s. 105 des vorliegenden buches. der text erstmals publiziert in: das werk. nr. 3. 1949, sowie in verbesserter version und in verschiedenen sprachen an andern stellen.

2
eine vollständige bibliographie existiert leider nicht; schon das buch von tomas maldonado, «max bill», buenos aires 1955, s. 133–137, verzeichnet 142 veröffentlichungen von max bill; seither ist diese zahl auf das mehrfache gestiegen. auswahl-bibliographien vor allem in: «künstlerlexikon der schweiz, XX. jahrhundert», I, frauenfeld 1958, s. 90/91, und im vorliegenden buch s. 217. die erstellung einer kompletten bibliographie wäre längst fällig; ebenso erweist sich als dringliches desiderat die herausgabe der wichtigsten schriften, sind diese doch weit zerstreut zum teil an schwer zugänglichen stellen erschienen. diese – inzwischen geplante – herausgabe hätte in mindestens zwei bänden zu erfolgen, gemäss den vorwaltenden thematischen kategorien: schriften über kunst und künstler; schriften zur umweltgestaltung und zu kunstpolitischen und kunstpädagogischen fragen.

von dilthey formulierte postulat an den professionellen kunstkritiker oder kunsthistoriker hinfällig zu werden: letztes ziel des hermeneutischen verfahrens sei es, einen autor besser zu verstehen, als er sich selber verstanden habe. die formel setzt freilich die historische situation der genie-ästhetik voraus, das heisst, sie macht sich anheischig, die unbewusste produktion des genialen künstlers in der notwendigen bewusstheit der reproduktion aufzuklären. weil sie die gefahr einschliesst, als freibrief für willkürliche interpretationen missbraucht zu werden, hat man die formel bekämpft, und darüber hinaus bezeichnete man die frage als falsch gestellt; massgeblich sei der stets wieder neu zu leistende, nie endende kommunikationsprozess als allgemeines geschehen zwischen leser und autor, zwischen kunstinterpret und künstler, zwischen publikum und werk (3). wie es sich diesbezüglich im einzelnen und des näheren auch immer verhalten mag – in betracht von max bill tut man gut daran, neben dem direkten umgang mit dem optisch wahrnehmbaren werk sich stets auch auf sein geschriebenes wort als eine unentbehrliche primärquelle abzustützen. jedenfalls weiss sich die folgende erörterung von max bills getalterischer welt diesem procedere verpflichtet, trotz dem möglichen einwand, die moderne mode, die selbstinterpretation eines autors als kanon der interpretation zu verwenden, sei ausfluss eines falschen psychologismus (4). insofern aber max bills theoretische überlegungen mit zur intention des zu schaffenden oder geschaffenen werkes zählen, daher von diesem unablösbar sind, wäre es geradezu unsachlich und inadäquat, sie ausser acht zu lassen oder auszuklammern.

«ich bin der auffassung, es sei möglich, eine kunst weitgehend auf grund einer mathematischen denkweise zu entwickeln.» für sich genommen impliziert die bemerkung anscheinend keine besonderen dinge. sie nähert lediglich kunst und wissenschaft, wissenschaft und kunst einander an, ein bündnis, das spätestens seit der italienischen renaissance ungemein wirkkräftig geworden ist; es genügt, leonardo zu nennen oder die deutung, die luca pacioli, leonardos freund, von der proportion gibt, indem er sie nicht nur als mutter des wissens, sondern als «mutter und königin der kunst» apostrophiert – in der proportion, als

3
vgl. dazu: otto friedrich bollnow. «was heisst es, einen schriftsteller besser zu verstehen, als er sich selbst verstanden hat?», in: das verstehen, mainz 1949, s. 7–33. zum grundsätzlichen und für die präzisierungen an bollnow: hans-georg gadamer, «wahrheit und methode». tübingen 1960, s. 180f.; ferner: harald weinrich. «literatur für leser». stuttgart 1971, s. 9.

4
vgl. gadamer, a.a.o. (anm. 3), s. 181, anm. 1.

«divina proporzione», durchdringen sich die spekulativ-philosophischen, die technisch-mathematischen und die künstlerischen tendenzen der zeit; das problem der form vermochte derweise ein zentralproblem der renaissance zu werden (5).

aber damit ist bloss eine sehr entfernte historische verwandtschaft zu bills satz aufgegriffen, und auch die mit paciolis bekenntnis zur mathematik anvisierte klarheit bleibt durchaus im allgemeinen. der klarheit haben im übrigen sehr verschiedene künstler häufig gehuldigt, zum beispiel max liebermann – prototyp des nüchtern-witzigen berliners – in einem brief an wilhelm bode (6): «kunst ist klarheit, nicht aber mystisches mönchslatein, worunter jeder etwas anderes versteht. wer vom katheder herunter etwas anderes predigt – castrandum est!» dem rigorosen gebot dürfte vermutlich auch max bill nicht allzu heftig opponieren; doch wiederum: es hält sich im horizont des eher nur metaphorischen auf. schliesslich gilt dies ebenso für die mathematische betrachtung der kunst, wie sie gelegentlich von kunsthistorikern oder kunstsinnigen mathematikern geübt wird, etwa aus anlass der symmetrie (7). der mathematiker andreas speiser sodann steuerte für die festschrift «concinnitas, heinrich wölfflin zum 80. geburtstag» einen beitrag bei: «die mathematische betrachtung der kunst» (8). vollends darüber sind wir uns alle einig, was jacob burckhardt einmal über raffael schreibt (9): «schämt euch! wenn raffael nur die besten schöppen getrunken und sich auf sein unendliches gefühl berufen hätte – was dann?»

der sinn von max bills satz enthüllt sich erst ganz, wenn man den stilgeschichtlichen ort seiner kunst gebührend berücksichtigt. im schaffen von max bill lebt eine künstlerische tradition in persönlichster brechung und persönlichster mehrung fort, die vorab durch die namen klee, kandinsky, mondrian, vantongerloo, albers umrissen ist. ihnen allen war bill freundschaftlich verbunden; über sie alle hat er wiederholt geschrieben, wobei seine sorge um das kunsttheoretische werk kandinskys und besonders die sammlung und edition von dessen «essays über kunst und künstler» nicht genug zu preisen sind (10).

erstmals in kontakt mit den eben erwähnten künstlern

5
vgl. ernst cassirer, «individuum und kosmos in der philosophie der renaissance», 2. a., darmstadt 1963, s. 55.

6
«künstlerbriefe über kunst». herausgegeben von hermann uhde-bernays, 2. a., münchen 1956, s. 600.

7
hermann weyl, «symmetrie», basel/stuttgart 1955; dagobert frey, «zum problem der symmetrie in der bildenden kunst» (1949) in: bausteine zu einer philosophie der kunst, darmstadt 1976, s. 236–259.

8
andreas speiser, »die mathematische betrachtung der kunst», in: concinnitas, beiträge zum problem des klassischen, heinrich wölfflin zum achtzigsten geburtstag, basel 1944, s. 213–231.

9
zitiert nach speiser, a.a.o. (anm. 8), s. 231.

10
«kandinsky, essays über kunst und künstler», herausgegeben und kommentiert von max bill, bern 1955 (2. erweiterte a., 1963).

11
ludwig grote, «von dürer zu gropius», münchen 1973, s. 96.

12
«du», europäische kunstzeitschrift, juni 1976 (sondernummer von und über max bill), s. 12/13.

das bauhaus, hochschule für gestaltung dessau, erbaut 1925–26 von walter gropius, während der nazizeit und dem krieg beschädigt, 1976 zum 50-jahr-jubiläum vorbildlich wiederhergestellt.

geriet bill am bauhaus. bills verhältnis zum bauhaus ist komplex; auf der anderen seite bildet auch das bauhaus nicht eine feste grösse, sondern zeigt sich einem gestaltwandel unterworfen. «das proteische gehört zum wesen des bauhauses, es ist die fruchtbarste der eigenschaften, die ihm walter gropius mitgegeben hat. die schöpferische freiheit ist es, welche dieses einzigartige institut vor allen akademien und kunstgewerbeschulen auszeichnet» (11). im rechenschaftsbericht vom juni 1976, einem im künstlerschrifttum des 20. jahrhunderts nach mancher hinsicht singulären autobiografischen zeugnis, hat bill selber bilanz gezogen: es sei das ineinandergreifen von theorie, experiment und praxis gewesen, das ihn am bauhaus-unterricht fesselte und förderte, «und dies in einer gemeinschaft von studierenden und meistern, wie sie seither kaum mehr zustande kam. wahrscheinlich wäre es falsch zu behaupten, allein die bauhaus-doktrin hätte meinen weiteren werdegang bestimmt, aber sicher haben die über zwei jahre, die ich am bauhaus war, manche erfahrung gebracht und ein ziel gefestigt, das mir vorher schon vorschwebte, das jedoch noch keinen mittelpunkt gefunden hatte. das bauhaus wurde für mich zu diesem mittelpunkt in seiner überschneidung der disziplinen und in der bestärkung, dass wir für alles gestaltende tun persönlich die verantwortung gegenüber der gesellschaft zu tragen haben...» (12).

man hat das bauhaus, zumal in seiner frühphase unter gropius, mythisiert, und zwar deshalb, weil eine ganze reihe von am bauhaus tätigen malern später zu weltruhm durchstiess. für bills bestrebungen aber besitzt die spätphase des bauhauses mit den mittleren dessauer jahren unter hannes meyer die stärkere bedeutung als die von gropius geprägte weimarer zeit. in dessau verwandelten sich die meister in «professoren», und das bauhaus nannte sich «hochschule für gestaltung» – nicht nur den namen, sondern wesentliche organisationsformen und aufgabenstellungen dieser phase der bauhaus-entwicklung hat bill in seiner ulmer «hochschule für gestaltung» als deren planer und gründungsrektor von 1950 bis 1956 übernommen, allerdings mit für ihn charakteristischen abweichungen gemäss einer eigenen, von der persönlichen überzeugung und der neuen zeit-

13
vgl. werner haftmann, «malerei im 20. jahrhundert», 4. veränderte und erweiterte a., münchen 1965, s. 289f.

hausaltar, gebrannter ton bemalt, h = 35 cm. jordanien, ca. 1500 vor 1.

14
um ein paar namen zu nennen: in der ersten kategorie der weggefährten, kollegen und freunde figurieren kandinsky, klee, van doesburg, mondrian, moholy-nagy, malewitsch, rodschenko, arp, albers, kupka, glarner, loewensberg, hinterreiter; in der kategorie der jungen generation: gottlieb soland, andreas christen, jakob bill; in der dritten kategorie: schlemmer, le corbusier, auberjonois, matisse, picasso, max ernst, morandi.

15
«du», a.a.o. (anm. 12), s. 20, 22.

konstellation geforderten programmatik. bill hatte, obwohl er mit einzelnen kollegen der internationalen «stijl»-bewegung befreundet war, nie deren tendenz befürwortet, stilistische applikationen auf alle lebensbereiche auszudehnen, die zeitweise auch das bauhaus propagierte und die im extrem die «kunst» nach dem masse aufzuheben drohte, wie sie als experimentelle steigerungsform des «industrial design» erschien (13). vielmehr suchte bill jeder formkategorie ihre eigene spezifische funktion zu wahren, um damit den verflachungen des «industrial design» entgegenzuwirken. dazu zählt der entschluss, auch die geisteswissenschaften als lehrfächer einzubauen, welcher in seiner offenheit auch für die historischen dimensionen der menschlichen kultur gründet. bills aktives interesse an den gesellschaftlichen, sozialen implikationen der künstlerischen tätigkeit, endlich seine leidenschaft als sammler, sind in *diesem* bereich angesiedelt.

mit überraschung erhielt eine breitere öffentlichkeit durch die bill gewidmete nummer der zeitschrift «du» kunde von der struktur der in seinem besitz befindlichen sammlung. sie umfasst nicht bloss arbeiten von weggefährten, kollegen und freunden und von einigen vertretern der jüngsten generation, die insgesamt in mehr oder weniger enger beziehung zur «konkreten kunst» stehen, sondern sie erstreckt sich, geleitet allein von sammlerischer vorliebe und untrüglichem qualitätsgefühl, auch auf weitere künstler des 20. jahrhunderts (14) sowie auf urgeschichtliche objekte und werke altägyptischer, altmexikanischer, altindischer, altchinesischer, kykladischer und afrikanischer provenienz, denen sich ausserdem eine respektable gruppe von jugendstil-vasen beigesellt. bills kommentar dazu (15): «meist sind es gegenstände und idole, die aus den ursprüngen der kultur stammen, aus einer zeit, wo der sinn eines objektes noch nicht verschüttet war durch fragwürdige konsumprodukte, wo gebrauch und symbol sich noch nahe waren und wo die magie der form noch offensichtlich nachempfindbar ist, wenn auch nicht ohne weiteres erklärbar (...). ich ziehe energien aus allen diesen objekten meiner täglichen umgebung. es sind die qualitätsmassstäbe, die mich interessieren.» max bill redet einem offenen kunstbegriff das wort, der kunst sowohl neuzeitlich als autonomästhetische kategorie wie als symbolisch oder magisch in bezug auf ihren ursprünglichen geschichtlichen realitätscharakter versteht. in diesem kunstbegriff treffen sich intentionen, die das auf das handwerk qualitative der reinen form ausgerichtete bauhaus inspiriert hat, wie auch tendenzen, welche den ursprünglichen lebenszusammenhang eines werkes bedenken, um es aus seiner ästhetischen isolierung zu befreien (16). in der unbefangenheit jedoch, mit der max bill in seiner sammlung sich werke der verschiedensten zeiten begegnen lässt, ist eine sicht vertieft und aktualisiert, die erstmals der von kandinsky und marc herausgegebene almanach «der blaue reiter» 1912 programmatisch exponiert hat, nämlich die «simultane» erfassung von «gegenwartskunst», von ägyptischer und ostasiatischer kunst, von volkskunst, kinderkunst und laienmalerei (17).

«mein eigenes künstlerisches konzept stand seit 1931 fest. nach einigem hin und her zur zeit des bauhauses, unter den verschiedenen einflüssen von grossen meistern wie kandinsky, klee, moholy-nagy, schlemmer hatte ich meinen weg gefunden» (18). auch bills privatsammlung ist indiz der eigenen wegfindung, gleich wie das experiment der ulmer hochschule für gestaltung. und hinter beiden taucht als auslösendes element das erlebnis des bauhauses auf. was die ulmer gründung betrifft, so ist hier indessen nicht der ort, sie näher darzustellen; allzu rasch hat sie sich den wahren zielen ihres initiators entfremdet. weil dieser die schon lange fällige authentische schilderung der ereignisse ausspart, bleiben die bisherigen berichte der augenzeugen und beteiligten einseitig und kontrovers (19). ebenso für das bauhaus wie für seine ulmer paraphrase müssten zudem jene fäden mehr als gemeinhin beachtet werden, welche beide institutionen mit der vergangenheit verknüpfen; namentlich das bauhaus würde dergestalt durchaus sachangemessen in seiner bedeutung relativiert; als künstlergemeinschaft steht es in einer überlieferung, die im 19. jahrhundert mit den nazarenern anhebt und über die präraffaeliten, die impressionisten, die sehnsüchte van goghs nach produktiver gemeinschaft und die gedankengänge von ruskin, morris und van de velde zu den worpswedern, der «brücke» und dem «blauen reiter» hinleitet. nicht von ungefähr hat gropius unter den geistigen ahnen seiner

16
vgl. dazu vor allem: dagobert frey, «der realitätscharakter des kunstwerks», in: kunstwissenschaftliche grundfragen, wien 1946, s. 107–150.

17
vgl. «der blaue reiter», herausgegeben von wassily kandinsky und franz marc, münchen 1912. dokumentarische neuausgabe von klaus lankheit. münchen 1967, s. 259.

18
«du», a.a.o. (anm. 12) s. 22.

19
das gilt zum beispiel auch für die in «archithese» nr. 15, 1975, enthaltenen beiträge von claude schnaidt, otl aicher, herbert ohl und kenneth frampton über die hochschule für gestaltung in ulm.

gründung 1919 ruskin, morris und van de velde beschworen: van de veldes bejahung von technik und maschinenindustrie, morris' erneuerung der kunst vom handwerk aus und ruskins bemühungen um die architektur als einheit der werkkünstlerischen disziplinen erfüllen gleichermassen die funktion einer anregerschaft für das bauhaus, alles das im glauben an die schöpferischen kräfte der gemeinschaft (20).

im concetto von der «konkreten kunst» hat max bill die seiner einbildungskraft entsprechende weltanschauung entdeckt – man nehme den terminus in der wörtlichen bedeutung: welt-anschauung. «konkrete kunst» kann dem «konstruktivismus» zugeordnet werden. die stilbezeichnung «konstruktivismus» erweist sich nun freilich als sehr vielschichtig. selbst das genaue entstehungsdatum – um 1920 im umkreis tatlins – ist bis heute nicht eindeutig gesichert. diese komplexität resultiert aus der bandbreite der stilbewegungen, für die «konstruktivismus» ein synonym ist: sowohl historisch wie rein faktisch phänomenologisch handelt es sich um unterschiedliche spielformen und nuancen; sie beginnen vor dem ersten weltkrieg, und noch in der gegenwart eignet ihnen volle existenzmacht. so geht es um einen der vitalsten stränge im lebensgefüge der kunst des 20. jahrhunderts.

der durchbruch passierte zwischen 1910 und 1920 in russland. alles spätere ist abkünftig von der damals realisierten neuen bildsprache aus reinen geometrischen elementen. wenn man aber gesagt hat, nach den drei russischen »ismen« rayonismus, suprematismus und konstruktivismus sei eigentlich nichts neues mehr entstanden, da sie lediglich noch ihre variationen gezeigt hätten (21), so trifft das wohl für eine makroskopische sicht zu; der näheren betrachtung aber enthüllen sich in den einzelnen konstruktivistischen stilentwürfen individuell gesonderte künstlerische modi. das gilt vor allem für die konstruktive kunst als folgeentwicklung des konstruktivismus. ich beschränke mich auf wenige flüchtige andeutungen (22). motiviert durch die zunächst realen politischen möglichkeiten, betätigten sich die russischen konstruktivisten mit ausserordentlichem kulturrevolutionärem elan,

---

20
vgl. nikolaus pevsner, «gemeinschaftsideale unter den bildenden künstlern des 19. jahrhunderts», in: deutsche vierteljahresschrift für literaturwissenschaft und geistesgeschichte 9, 1931, wiederabgedruckt in: architektur und design, münchen 1968, s. 204–219, zumal s. 219.

21
vgl. rainer beck, besprechung der ausstellung «der konstruktivismus und seine nachfolge in beispielen aus dem bestand der staatsgalerie stuttgart und ihrer graphischen sammlung», staatsgalerie stuttgart, september/november 1974, in: pantheon 33, 1975, s. 68.

22
vgl. dazu vor allem den katalog der in anm. 21 erwähnten stuttgarter ausstellung mit den beiträgen von bernd rau («kleine geschichte des konstruktivismus und seiner nachfolge») und stephan von wiese («der konstruktivismus als entwurf einer neuen ästhetik»); werner hofmann, «über den begriff der «konkreten kunst», in: deutsche vierteljahresschrift für literaturwissenschaft und geistesgeschichte 29, 1955, s. 57–75. max bill selber war wiederholt als historiograf der konstruktiven kunst tätig, unter anderm am umfassendsten mit der ausstellung und dem katalog »konkrete kunst, 50 jahre entwicklung», helmhaus zürich, juni/august 1960.

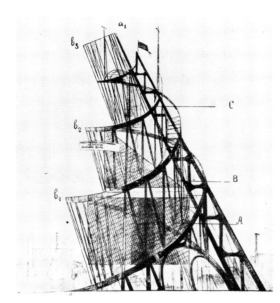

wladimir tatlin. entwurf für ein monument der III. internationale in moskau 1919. als grossmodell ausgeführt 1920. im innern der struktur drei sich drehende versammlungssäle.

23
schoenemaeker, zitiert nach: horst richter, «geschichte der malerei im 20. Jahrhundert, stile und künstler», köln 1974, s. 101.

georges vantongerloo. beziehung von volumen, 1919. steinplastik, h = 18 cm.

was ihrer kunst eine sonderstellung schenkt. demgegenüber dominierten, bei aller enormen resonanz der kühnen ideen der russen, in polen und ungarn, in mittel-, west- und südeuropa, obwohl meist politisch sympathisierend, doch mehr formal immanente geometrische und stereometrische gestaltungsprinzipien. für die praxisbezogenheit der ersten phase des russischen konstruktivismus waren eine technizistische konstruktions-ästhetik, mathematik und physik die zentralen leitbilder. anders in holland, wo aus dem von schoenemaeker vorgeschlagenen system anstelle der visionen von künstler-ingenieuren hermetisch theosophische gedankengänge resultierten, deren sich die puritanische gesinnung und das mystische pathos piet mondrians bemächtigte, um sich der schöpferischen korrelation mit dem mathematisch strukturierten universum zu versichern, mit den «zwei grundlegenden gegensätzen, die unsere erde und alles irdische formen. es sind die horizontale kraftlinie der erde um die sonne und die vertikale strahlenbewegung der erde, die im mittelpunkt der sonne ihren ursprung hat» (23).

in der internationalen zeitschrift «de stijl», 1917 durch theo van doesburg gegründet, fanden die formalisierten ideen mondrians im kreis verwandter erneuerungsbestrebungen, miteingeschlossen den osteuropäischen konstruktivismus, grosse verbreitung.

ich verzichte darauf, die zahlreichen weiteren, öfters national gefärbten abschattierungen und brechungen einer konstruktiven kunst namhaft zu machen. nicht zuletzt das bauhaus, das keinen eigenen künstlerischen stil schuf, griff durch die synthetische potenz seiner lehre auch hinsichtlich der konstruktiven gestaltung über deutschland hinaus vornehmlich als umschlagsplatz und begegnungsstätte anregend und lenkend in die «progressive» kunstentwicklung ein.

ähnliches gelang der 1931 von vantongerloo und herbin ins leben gerufenen pariser vereinigung «abstraction–création», die, einem internationalen schmelztiegel und sammelbecken gleich, neben den «abstrakten» strömungen auch die «konkreten» und insbesondere «konstruktiven» richtungen umschloss. 1932–1936 war max bill mitglied der vereinigung. 1936 zeigte das kunsthaus zürich eine aus-

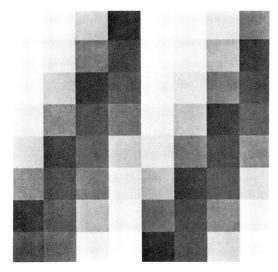

richard paul lohse, acht vertikale systematische
farbreihen, 1955–69.
öl auf leinwand, 160 × 160 cm.

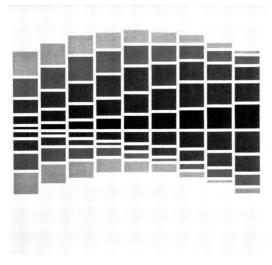

verena loewensberg. bild, 1958.
öl auf leinwand, 93 × 93 cm.

24
vgl. zum vorigen: max bill, «malerei, architektur,
plastik – kunst im halbierten jahrzehnt», in:
die vierziger jahre, zofingen 1976, s. 106/112.

stellung «zeitprobleme in der schweizer malerei und plastik», in deren katalog bill über »konkrete gestaltung» handelte: vor allem von van doesburg ausgehend, verlieh er dem konstruktiven erbe theoretisch und praktisch neue ausweitungen auf mathematische und technologische bereiche hin. in der folge entwickelte sich in der schweiz, mit dem brennpunkt zürich, eine rege, der konstruktiven kunst geltende aktivität, die mit ausstellungen, publikationen und künstlervereinigungen zutage trat. so wurde zum beispiel die zeitschrift «abstrakt/konkret», herausgegeben von der galerie des eaux-vives in zürich 1945/46, zum sprachrohr der «allianz, vereinigung moderner schweizer künstler», aus der sich die sogenannte «zürcher schule der konkreten» formierte: sie gelangte mit dem ende des zweiten krieges zu weltweitem gehör und erfuhr als prominente gegenposition zur flut von tachismus, abstraktem expressionismus, action painting und abstraction lyrique zumal während der fünfziger jahre anerkennung, nachahmung und auch ablehnung. die systematisch-geometrischen erkundungen der zürcher konkreten – namentlich von camille graeser, verena loewensberg und richard paul lohse – fussten in ihren anfängen zunächst auf den von max bill bereitgestellten mathematischen methoden, die sie später nach eigenen richtungen hin vertieften – lohse etwa befasste sich ab 1949 mit systematischen farbreihen, seriellen und modularen ordnungen. in der leistung der zürcher konkreten, nämlich der «erarbeitung von verschiedenen möglichen systematischen prozessen für eine objektivierung des künstlerischen ausdrucks», hat man wohl den hauptbeitrag zu erblicken, den die schweiz auf dem feld der bildenden kunst an die nachkriegszeit entrichtete. für manche strömungen der internationalen kunst nach 1960, die, wie op- und minimal-art, kinetik und ars multiplicata, bald qualifizierend oder quantifizierend im banne algebraischer zahlenverhältnise ihre jeweilige realitätsvorstellung zu gestalten trachteten, kommt den zürcher konkreten eine stimulierende vorläufer-funktion zu, «auch dort, wo dies aus chauvinistischen gründen gern verschwiegen wird». auch basiert die durch max bense vorgeschlagene moderne ästhetik innerhalb der informationstheorie zu einem guten teil auf prinzipien zumal der kunst bills (24).

25
zitiert nach max imdahl, «probleme der optical art: delauney – mondrian – vasarely», in: wallraf-richartz-jahrbuch 29, 1967, s. 293. das manifest von van doesburg erstmals veröffentlicht in der zeitschrift «art concret» 1930 (erste und einzige nummer erschienen kurz vor van doesburgs tod).

theo van doesburg. contra-composition IV, 1924.
öl auf leinwand, 100 × 100 cm.

piet mondrian. tableau II, 1921–25.
öl auf leinwand, 65 × 75 cm.

26
vgl. imdahl, a.a.o. (anm. 25), s. 293f.

die erste und berühmteste definition, was konkrete kunst sei, artikuliert zwar für die malerei, für die identität der bildfläche und der bildnerischen mittel, aber auch anwendbar auf alle andern zonen künstlerischen gestaltens, rührt von theo van doesburg her (25): «peinture concrète et non abstraite, parce que rien n'est plus concret, plus réel qu'une igne, qu'une couleur, qu'une surface. est-ce que sur une toile une femme, un arbre, une vache sont des éléments concrets? non – une femme, un arbre, une vache sont concrets à l'état naturel, mais à l'état de peinture ils sont plus abstraits, plus illusoires, plus vagues, plus spéculatifs qu'un plan ou qu'une ligne.» das künstlerische gebilde wird sich selbst zum gegenstand, bei mondrian in einer extrem normativen, «idealistischen» sicht, unter äusserster radikalisierung des neuplatonischen gedankens vom «disegno»: das bild bezieht sich auf ein von der natürlichen erscheinung zwar verschleiertes, die welt aber doch regierendes ursystem, das freilich nur dem, der diese prämissen anerkennt, alles gibt, wogegen derjenige, welcher nicht an sie glaubt, im bild bloss ein mehr oder weniger interessantes, mehr oder weniger schönes muster wahrnimmt, wie zum beispiel amédée ozenfant, der meinte, «in wirklichkeit» sehe man bei mondrian lediglich «keramische platten oder teppiche». es charakterisiert die unbedingtheit mondrians, dass er jede weitere zusammenarbeit mit van doesburg ablehnte, als dieser die schrägstellung der rechtwinkligen struktur einführte. mondrian, der seit 1918 gelegentlich das bildfeld, jedoch niemals die lineare bildfiguration übereck stellte, erblickte in van doesburgs vorgehen eine «willkürliche korrektur», eine gleichgewichtsstörung der «mit unserer organischen struktur verbundenen kosmischen ordnung» – es kam zum bruch zwischen den beiden (26).

warum ich das erwähne? weil max bill – was gewiss nichts über die qualitative relevanz aussagt – meilenweit distanziert ist von solcher doktrinärer übersteigerung. freiheit und bindung, unbefangenheit und gesetzlichkeit in einem bestimmen seine formengrammatik und ihre metamorphosen, die sie in mehr als vierzigjähriger erfahrung als geistig-optisches exercitium durchmisst. die ersten bildregeln der malerei bills sind schnell begriffen: es geht um kontrast- und komplementärverhältnisse, um geometrische ordnungsprinzipien, bei den linearen grössen um teilungen in bestimmten proportionen, auch um rhythmuswechsel von der geradzahligen zur ungeradzahligen teilung, oder um progressive reihen. bei den flächengrössen geht es um den ausgleich von quantitäten, um quanten-äquivalentien oder um dominanten. bei den farben geht es um die polarität von farbe und unfarbe; innerhalb der farben um die primärcharaktere und um ihre komplementärpartner. den komplexeren bildregeln (auch sie verwenden kombinatorisch gleiche elemente und gleiche gruppen) kommt man erst mit hilfe von modulrastern auf die spur; es sind rotationen, schieflaufende mutationen und progressionen aller art (27).

als maler gelangte bill 1931 zur konkretion. in dem von ihm verwendeten formenrepertoire laufen verschiedene ausdrucksmittel öfters nebeneinander her, die zugleich einen chronologischen ablauf markieren: streng flächenhaft-geometrische bilder, «nebelartige» bilder, reine felderkompositionen. der einmal gefundene neutrale, einfarbige bildgrund ermöglicht die invention der «liniengemälde» und rhythmischer vergitterungen sowie den übergang von der kontinuierlichen linie zu linearen reihungen von stäbchenstrichen und gruppierungen mondsichelförmiger nebel auf unifolie, weiter die kombination von begrenzten flächen- und form-raumelementen in dynamisierter tönung (sogenannte «nebel»). schachbrettbilder wechseln zudem mit integrationen anderer systeme, mit einheiten aus flächengleichen farben und farbdurchdringungen, komplementär-rotationen und rotationen um kernakzente herum – diese figurationen sind seit 1946 den «spitzen» bildern eingeschrieben. so bezeichnet max bill die übereck gestellten formate, die – mondrian fortführend – die komposition allein schon durch die äussere gegebenheit in spannung versetzen. insgesamt waltet über der entwicklung ein zug zu wachsender elementarisierung der bildnerischen mittel und zu visueller vereinfachung zwischen den polen von sanfter, feingestufter peinture und kontrastreich scharfer, harter flächenhaftigkeit (28).

27
vgl. ho, (reinhold hohl), «camille graeser, zur ausstellung in der basler kunsthalle», in: neue zürcher zeitung, 12. april 1967 – ich bin einigen wendungen, die auch für bill gültigkeit haben, wörtlich gefolgt.

camille graeser, translocation b, 1969.
acryl auf leinwand, 120 × 120 cm.

28
vgl. dazu vor allem: eduard plüss, «max bill», in: künstlerlexikon der schweiz, XX. jahrhundert, I, frauenfeld 1958, s. 88; margit staber, «max bill», st. gallen 1971, s. 12/13.

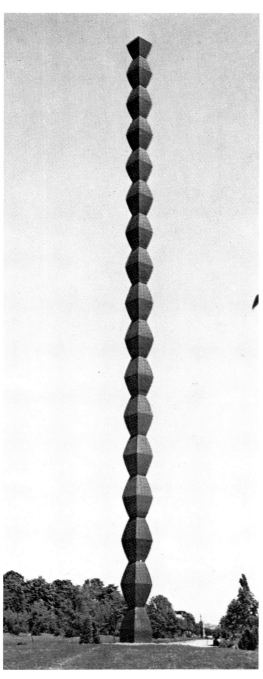

constantin brancusi. endlose säule, begonnen in holz 1918. grossausführung aus gegossenen stahlelementen, h = 30 meter, in tirgu jiu, rumänien, 1937–38.

in der plastik gehorcht bill noch stärker als bei der malerei imaginativen vorstellungen, die hartnäckig an wenigen themen sich entzünden, ihnen ein maximum an präzisen «mathematisierten» lösungen abgewinnend. schlüsselthemen sind: die einflächenplastiken, die säulenplastiken, die kugelplastiken.

die einflächenplastiken, mit denen max bill in den dreissiger jahren rasch ruhm erwarb, variieren, aus dem moebiusband entwickelt, das motiv der endlosen schleife: eine im querschnitt meist bikonvexe oder plane fläche, deren breite ändern kann, schlingt sich anfangs- und endlos im raum und demonstriert, als «kontinuität» oder «unendliche schleife», räumliche verhältnisse und den einbezug von hohlformen durch statische und dynamische flächenrapporte. das materielle substrat reicht von armiertem kalkputz über granit, bronze, marmor und chromnickelstahl zu vergoldetem und verchromtem messing. zumal die in goldglanz strahlenden messingwerke vereinigen mit der konstruktiven klarheit schnittige eleganz und den eindruck von kostbarkeit, auch des schmuckhaften. nicht selten tendieren die skulpturen zur grössenfreiheit; sie sind in verschiedenem massstab gefertigt, je nach standort. das umreisst ihre ferne von jeder klassischen oder klassizistischen, antik-humanistischen, anthropomorphen proportionskunst. der blank polierte formkörper ist gleichzeitig raumreflektor, der spiegelnd von der umwelt besitz ergreift, indessen nicht wie bei brancusi (der von bill hoch geschätzt wird) als mystischer schimmer und transzendierende emanation, vielmehr als auf die spitze getriebene ästhetische perfektion. es wäre falsch, hierin (wie man das schon getan hat) sterile, aseptische kühle zu erblicken; diese weise von vollendung bedeutet den äussersten grad an verklärung, den bill sich erlaubt.

auch die säulenplastiken, mit vorstufen schon vor 1940, sind ursprünglich brancusi verpflichtet, bei dem das durch dezennien hindurch kontemplierte motiv in der dreissig meter hohen, aus vergoldetem stahlguss errichteten «colonne sans fin» von turgu-jiu (1937) gipfelt. die «endlose säule» bildet, zusammen mit der «pforte der liebe» (oder «des kusses») und dem «tisch der stille» ein mahnmal an die gefallenen rumänischen soldaten des ersten weltkrieges;

29
vgl. carola giedion-welcker, «schriften 1926–1971», köln 1973, s. 92–100; siegfried salzmann. «das skulpturale ensemble von turgu-jiu», in: constantin brancusi, plastiken, zeichnungen, wilhelm-lehmbruck-museum der stadt duisburg. juli/september 1976 (= klassiker der modernen plastik II), s. 78–89.

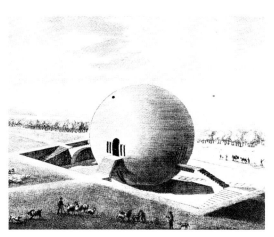

claude nicolas ledoux. wach-haus für eine landwirtschaft in maupertuis (frankreich). entworfen ca. 1785.

innerhalb der plastischen trilogie verkörpert sie eine skandierte vertikale des aufstiegs, eine dem kultisch feierlichen angenäherte, licht reflektierende, schwebend unwirkliche himmelsleiter (29). wiederum verzichtet bill auf symbolische oder symbolistische ausdeutung des themas. die granit-säule kann sich als durchlaufende achse mit drei- bis sechs- oder achteckigen, eine drehung vollziehenden segmentquerschnitten (1966; 1972/73) darbieten oder als vierzehn meter hohes, kinetisches farbobjekt («windsäule», 1967, montreal, weltausstellung), das eine vorläufige endposition der «malereien in form einer säule» (öl auf holz) von 1947/48 ist. diese farbsäulen veranschaulichen ein max bills kunst überhaupt kennzeichnendes phänomen besonders sinnfällig: einerseits sind sie plastiken in form einer säule, anderseits malereien, wobei aber die bemalung mehr bewirkt als das plastische volumen der verändernden, atmosphärischen intervention von licht und schatten zu entziehen, eine funktion, die das kolorit beispielsweise in den «kubistischen» werken von henri laurens erfüllt. bills bemalung vergegenwärtigt farbprogressionen und farbtransformationen, wie in den entsprechenden staffeleibildern verwandter thematik. das heisst: die gattungsfixiertheit, die in der konstruktiven kunst ohnehin zugunsten eines die grenzen der einzelnen künstlerischen kategorien verwischenden gestaltungsprozesses zurücktritt, erreicht hier die schlagendste evidenz.

die kugel, als kugelplastik, endlich besitzt unter allen regulären körpern das freiste wie auch das elementarste gehaben. potentiell ist sie massstablos, zugleich punkt und kosmos. daher ist sie dem billschen kunstwollen besonders adäquat. erstmals seit der epoche um 1800, in der sie die französischen revolutionsarchitekten faszinierte und in entwürfen als gebäude, monument und grabmal imaginiert wurde, feiert sie ihre wiederkehr. thematisch begonnen in den dreissiger jahren, häufen sich ab 1960 kugelplastiken im œuvre von max bill. durch teilungen und schnitte gewinnt die nach landläufigem verständnis längst ausgenützte, geheimnislose geometrische figur eine neue plastische physiognomie und bisher ungeahnte künstlerische aspekte, am eindringlichsten in jener «familie von fünf halben kugeln» bei den freitreppen und im innenhof des mathe-

30
«du», a.a.o. (anm. 12), s. 53.

matischen instituts der technischen universität karlsruhe (1965/66; kunststein aus weissem zement mit hellem steinmaterial), die es zustande bringt, konkrete kunst als unmittelbaren bedeutungsträger zu interpretieren. denn bills kommentar lautet (30): «die gebräuchliche mathematik ist symbolisiert durch den realen teil der kugel. die von uns in gedanken zu ergänzende obere hälfte stellt den geistigen überbau dar mit den noch unentwickelten gebieten der mathematik.»

der architekt bill ist im allgemeinen bewusstsein viel weniger präsent als der maler und plastiker bill. indessen leuchtet ein, dass bauen in max bills arbeit eine wesentliche sparte besetzt hält: als teil der gestalteten umwelt und als zone, in der sich praktische, erzieherische und politische aufgaben mit ästhetischen fragen decken – dies ist ein erbe des konstruktivismus, der am grunde der erneuerung der architektur im 20. jahrhundert steht.

schon von der plastik her hat max bill wiederholt grenzüberschreitungen in richtung auf die architektur vollzogen. ein exempel ist das wettbewerbsprojekt «denkmal des unbekannten politischen gefangenen» von 1952/53, das als plastische architektur oder als architektonische plastik eine synthese von plastik, architektur und malerei (durch verschiedenfarbige materialien) erstrebt. später beschäftigte ihn das problem der benützbaren, sozusagen «bewohnbaren» raumplastik, zuletzt in der «pavillonskulptur II» (1975). die für die konkrete malerei gültigen normen von kohärenz, klarheit und unmissverständlichkeit erfahren eine plastisch-räumliche, dreidimensionale verdinglichung. im bereich der «gegenkonstruktivistischen» plastik wären vor allem giacomettis «platzlandschaften» oder gewisse monumentalplastiken moores zum vergleich heranzuziehen, abgesehen von den environment-experimenten jüngerer künstler.

bills aktivität als architekt, die näher zu betrachten hier einmal mehr unmöglich ist, müsste zunächst als reaktion auf die lage in der schweiz um 1935/45 thematisiert werden, wie sie sich namentlich mit der schweizerischen landesausstellung in zürich 1939, der «landi«, bekundete: in einer architektur, die zwar funktionelle erkenntnisse gebrauchte,

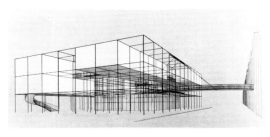

max bill. projekt für einen schweizer pavillon an der weltausstellung new york 1938.

diese jedoch durch heimatstilelemente ornamental verbrämte, welche eine künstliche heiterkeit erzeugten (31). demgegenüber hielt bill sich seit seinem ersten bau, dem 1932/33 in zürich-höngg errichteten wohn- und atelierhaus, das er bis zum bezug desjenigen in zumikon 1968 bewohnte, konsequent an die «ästhetik des nützlichen»: in seiner architektur gibt es keine überflüssigen dekorationsformen und kunstgewerblichen effekte, keine manifesthafte übersteigerung, keine launisch irrationale freiheit in der modellierung von volumen und raum; der fixierte zweck und der zwang zum ökonomisch haushälterischen bestimmen in den bescheidenen bauten, so dem wohn- und atelierhaus von 1932/33 oder dem wohnhaus villiger in bremgarten/aargau (1942), wo beide male vorfabrizierte elemente verwendung fanden, die äussere erscheinung. für einen größeren komplex an der schweizerischen landesausstellung in lausanne 1964, an der bill als chefarchitekt den sektor «bilden und gestalten» betreute, entwickelte er ein besonders ökonomisches bausystem, das erlaubte, mit wenigen elementen eine vielgestaltige baugruppe zu realisieren. auch aufwendigere bauten wie das kino cinévox in neuhausen (1957/58), die erweiterung und der umbau des studio- und verwaltungsgebäudes radio zürich (1964/77) oder das eigene zumikoner haus von 1967/68 vermeiden jeden extravaganten zug – die überlegt auskalkulierte erwägung der funktionellen erfordernisse sichert dann, wenn es nötig ist, genug an bedeutungsgeladenem, ja sogar «symbolischem» gehalt. dazu bills eigene worte zum neuen heim (32): «das wohn- und atelierhaus in zumikon hat einen zentralen wohnraum, der sich nach allen seiten in andere räume fortsetzt. er ist das spannungsfeld für die verschiedenen bilder und objekte. rundherum geht der innenraum sinngemäss in den aussenraum über. er ist hierin nicht unähnlich meiner persönlichen situation...»

bill ist ein gegner von architektur als instrument individuellen ausdrucks; insofern akzentuiert sein architektonisches werk das ende der aus dem 19. jahrhundert überkommenen «idealistischen» architektur-ästhetik mit, die auf der losung «architektur als kunst» basiert (33). bills stärkste architektonische schöpfung ist die ulmer hochschule für gestaltung. gerade die dürftigkeit der finanziellen mittel –

31
vgl. max bill, a.a.o. (anm. 24), ferner allgemein: jul bachmann und stanislaus von moos, «new directions in swiss architecture», new york 1969.

32
«du», a.a.o. (anm. 12), s. 68.

33
vgl. dazu: hermann bauer, «architektur als kunst, von der grösse der idealistischen architekturästhetik und ihrem verfall», in: kunstgeschichte und kunsttheorie im 19. jahrhundert (= propleme der kunstwissenschaft I), berlin 1963, s. 133–171.

«für den betrag, der uns damals zur verfügung stand, baut man heute ein besseres landhaus» (34) – spornte die phantasie an. die vielgliedrige, weitgestreckte anlage von ein-, zwei- und fünfgeschossigen bauten, im zentrum die gemeinschaftsräume mit der mensa, hügelaufwärts der verwaltungstrakt und die lehr- und werkstätten, am hang entlang atelier- und studentenwohnhäuser, formiert in einem bogen eine rhythmisch fliessende folge verschiedenartiger lokalitäten, deren staffelung und gruppierung auf das gelände antwortet, nicht im sinne von angleichung, sondern als koordinierung von bewahrter natur und profilierter architektur. das alles sachlich und präzis, einfach und nüchtern, doch beschwingt von der kraft der räumlichen imagination (35).

1949 hatte bill ein buch über die brücken und konstruktionen des schweizer eisenbetonpioniers robert maillart publiziert. der damals geborene wunsch, einmal beim brückenbau mitwirken zu können, erfüllte sich 1966/67: in kollaboration mit dem zürcher ingenieurbüro roš und dessen mitarbeitern aschwanden und speck entwarf bill das konzept für die lavina-tobel-brücke bei tamins. «diese brücke ist eine meiner glücklichsten realisationen. ich glaube, wenn ich heute noch wählen könnte, ich möchte möglichst viele brücken bauen zusammen mit den kompetenten fachleuten; denn hier ist das nützliche mit dem technischen und mit der umwelt in harmonischem gleichgewicht» (36). die brücke als materielles und geistiges medium der verbindung, max bill als brückenbauer, sowohl im wörtlichen wie im übertragenen verstande – die metapher zielt in die mitte seiner tätigkeit als gestalter überhaupt.

doch was hat es nun – um zum eingangs gestreiften zurückzukehren – mit der mathematischen denkweise auf sich? sie meint am ende einfach die konsequente gestaltung der «guten form» durch zahlenmässig begründbare variationen. max bill (37): «die kunst kann das denken vermitteln in einer weise, dass der gedanke direkt wahrnehmbare information ist» – fügen wir hinzu: in der form. «form» ist allerdings ein höchst vielschichtiger begriff, fasse man sie als gegensatz zur nicht-form, zur form-

---

34
«du», a.a.o. (anm. 12), s. 19.

35
vgl. wend fischer, «die kunst des 20. jahrhunderts: bau, raum, gerät», münchen 1957, s. 224f.

36
«du», a.a.o. (anm. 12), s. 68.

37
bill, a.a.o. (anm. 1), s. 114

38
vgl. kurt bauch, «kunst als form», in: studien zur kunstgeschichte, berlin 1967, s. 21–39, zumal s. 37.

losigkeit, oder als form gegenüber raum, oder als form zu stoff, oder als form im verhältnis zum inhalt. die klassische ästhetik – goethe – sagt hierüber (38): «den stoff sieht jedermann vor sich, den gehalt findet nur der, der etwas dazu zu tun hat, und die form ist ein geheimnis den meisten.» für max bill ist die form kein geheimnis. sie definiert sich ihm je und je als die natürliche, die selbstverständliche und funktionelle erscheinung; sie ist ihm der harmonische ausdruck aller funktionen; sie schafft kriterien, die auch innerhalb des technischen zeitalters allein schon durch ihr dasein stilbildend wirkten und wirken. da fassen wir max bills optimismus, in dem er sich zutiefst unterscheidet von dem neben ihn bedeutendsten schweizer künstler der letzten jahrzehnte: von alberto giacometti. bei ihm regiert seit seiner abkehr vom programmatischen surrealismus eine einheitliche gestaltungsabsicht. sie lässt sich auf einen nenner rücken: reduktion wird angestrebt, reduktion im stofflichen, individuellen, ausdruckshaften, das formale vehikel der reduktion ist die überlängung, die verkrustete, schrundig vulkanische, erstarrter lava verwandte oberfläche. das körperliche schrumpft ein; der mensch ist geisterhaftes schemen, linear verdünntes, von der macht des raumes ausgezehrtes zeichen, gebärdefigur, aus der das sinnenhaft prangende leben gewichen ist – ins symbolische gesteigerte versichtbarung von existentieller gefährdung, nichtigkeit, bedrohung der gestalthaftigkeit, einsamkeit und verlorenheit des individuums im banne des unendlichen raumes. es sind jene züge, welche sartre aus kongenialer perspektive heraus erspürt hat, als er über giacometti schrieb. giacomettis menschenbild steht, auf seine eigentlichkeit hin befragt, singulär da in der geschichte der europäischen plastik. zum gedankenkonzept, von dem es, bewusst oder unbewusst, geprägt ist, wüsste ich bloss eine einzige literarische stelle, eine solche des alten testamentes, heranzuziehen, nämlich genesis, kapitel 19, verse 24–26: «da liess der herr schwefel und feuer regnen vom himmel herab auf sodom und gomorra, und kehrte die städte um und die ganze gegend und alle einwohner der städte und was auf dem lande gewachsen war. und lots weib sah hinter sich *und ward zur salzsäule.*» giacomettis menschenbild ist gleichsam

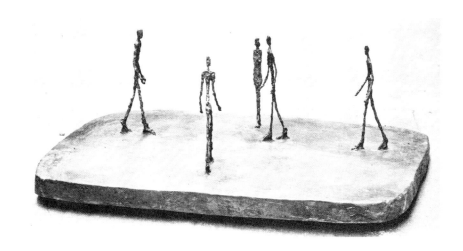

alberto giacometti, der platz, 1948–49.
bronze, höhe der figuren 12–15 cm.

39
eduard hüttinger, «aspekte der kunst alberto giacomettis», in: universitas 23, 1968, s. 169–184, zumal s. 176/77.

40
vgl. ernst kris und otto kurz, «die legende vom künstler», wien 1934, s. 47f.

durch apokalyptische katastrophen hindurchgegangen; es ist gefährdetes relikt (39), von tragik umwittert, freilich auch ins manierierte und manieristische getrieben. wider all das repräsentiert die konkrete kunst einen einzigen damm an kühler und blanker, heller und klarer, positiver und untragischer formsicherung: max bill hat einen optimismus, der keineswegs ein billiger, sondern ein in harter denkerischer und formerischer arbeit bewährter optimismus ist, befähigt, «vom kleinsten gegenstand bis zur stadt» dem ganzen erscheinungsspektrum unserer umwelt gestalterisch, damit verändernd auf den leib zu rücken. der spannungsbogen wölbt sich vom elektrischen samovar und von der höhensonne bis zur stadtähnlichen ulmer hochschule für gestaltung.

ich habe bisher max bill unreflektiert als «künstler» bezeichnet. vielleicht missfällt ihm das; es würde mich nicht überraschen, denn mit der bezeichnung «künstler» verbindet man gemeinhin noch immer romantisch vage, irrationale vorstellungen, die historisch sich herleiten von der neuzeitlichen übertragung der attribute des «deus artifex» auf den «divino artista» (40). damit hat, unter anderem, die forderung in der bauhausproklamation von 1919 aufgeräumt: «architekten, maler, bildhauer, wir müssen alle zum handwerk zurück», die auch eine verurteilung und zügelung der masslos schweifenden intuition einschliesst. max bill wie die konstruktive kunst in allen ausfächerungen sind antipoden jeglichen intuitionskultes; die abwehrspur durchzieht sein ganzes schriftstellerisches werk. noch im april 1976 heisst es bei gelegenheit von john mclaughlin (41): «verglichen mit bekannten amerikanischen starmalern hat er jedes farbgefusel, jede vermystifizierung der oberfläche, jede verpersönlichung seiner subtilen härte und seiner magischen sicherheit nicht nötig.»

bill hat wie kein zweiter die konkrete kunst aus dem bannbezirk esoterischer hermetik gelöst und ihr produktionsverfahren ausgeweitet, entdogmatisiert und transparent gemacht, besonders schlüssig in gewissen analysen eigener arbeiten, in denen sich die praktisch-künstlerische demonstration und die sprachliche erläuterung wechselseitig begleiten, und die um den gestaltungsvorgang der konkreten kunst als ein eigengesetzlicher strukturierungsprozess kreisen. die «quinze variations sur un même thème» (1936–1938, gedruckt in paris 1938) und die «anleitung zum betrachten» des gemäldes «system mit fünf vierfarbigen zentren» (st. gallen, erker verlag, 1972) wünscht man sich, wegen der lapidaren einfachheit und luzidität der sprache wie der optik, als pädagogische pflichtlektüre nicht nur an kunstgewerbeschulen und hochschulen oder akademien der bildenden künste, sondern auch von universitäts-kunstgeschichtsstudenten. sie zählen, auf sehr gewandelter ebene, zur gattung der von alfred lichtwark inaugurierten «übungen in der betrachtung von kunstwerken» (42). der umstand, dass max bill gerade in hamburg, der wirkstätte lichtwarks, während einiger jahre eine für ihn sozusagen massgeschneiderte professur an der hochschule für bildende künste bekleidet hat, den ersten lehrstuhl für umweltgestaltung in europa, bekommt, in diesem licht, mindestens für den kunsthistoriker, zusätzlich eine besondere nuance.

das ringen um die zweckgebundene gebrauchsform hat max bill zugleich in den freieren bereichen der malerei und plastik die möglichkeit vollen atmens geschenkt, in seinen geglücktesten werken lebt mehr an unkontrolliert spontaner setzung, als er uns weismachen will, aus bezügen heraus, die in irrationaler wahl das rationale gesetz ergänzen. das künstlerische in *diesem* begriff indessen lässt sich nicht

41
bill-text auf einladungskarte zur mclaughlin-ausstellung, galerie andré emmerich, zürich, april 1976.

42
vgl. dazu: irene below, «probleme der werkbetrachtung – lichtwark und die folgen», in: kunstwissenschaft und kunstvermittlung, giessen 1975, s. 83–135, die jedoch aus einer primitiv neomarxistischen sicht heraus lichtwarks bestrebungen missdeutet.

43
vgl. vor allem: max bense, «einführung in die informationstheoretische ästhetik», reinbek 1969, und idem, «ästhetica», baden-baden 1965.

44
vgl. die in max bense, «artistik und engagement», köln/berlin 1970, s. 76–98, enthaltenen vier beiträge über max bill.

45
bense, a.a.o. (anm. 44), s. 96–98. hegels auffassung vom «konkreten» als das «späte» und seine bemerkung: «... nur die konkrete einzelheit ist wahrhaftig und wirklich, die abstrakte allgemeinheit und besonderheit nicht», wird mit bills satz konfrontiert: «konkret ist das wirkliche, das vorhandene, sichtbare und greifbare objekt. abstrakte ideen, verhältnisse, gedanken sichtbar zu machen, das ist konkretion». vgl. g. w. f. hegel, «ästhetik», herausgegeben von friedrich bassenge. berlin 1955, s. 173. weitere bemerkungen, die margit staber im katalog der ausstellung »konkrete kunst, 50 jahre entwicklung«, helmhaus zürich, 1960, s. 157 heranzieht, bei hegel s. 171 und s. 766. – der bezug hegel – konkrete kunst – bill wäre einer besonderen untersuchung wert. nur dann liessen sich ungeschichtliche, die von grund auf verschiedene historische kontextsituation verkennende deutungen vermeiden. vgl. im übrigen für die quellentexte auch margit staber, «konkrete kunst», in: gesammelte manifeste, st. gallen 1966.

46
die äusserung findet sich in «l'homme révolté». vgl. dazu: werner hofmann, a.a.o. (anm. 22); idem, «grundlagen der modernen kunst», stuttgart 1966, s. 459f.

analysieren oder definieren; man kann es nur angesichts des einzelnen werkes aufzuzeigen versuchen, wenn informationsästhetiker wie bense und fucks und die von ihnen beeinflusste stuttgarter konstruktivistische schule erklären, nur mathematisch-quantitative phänomene seien ästhetisch relevant, so radikalisieren sie zwar konsequent einen seit jeher im (zumal russischen) konstruktivismus virulenten intellektuell-naturwissenschaftlichen ansatz und arbeiten mit den mathematisch-statistischen regeln des gelenkten zufalls, der durch den computer ein neues technisches medium erhalten hat, welches bisher nicht erwartete möglichkeiten der realisation vermittelt. bills *kunst* aber ist von daher nicht zugänglich, und von der informationsästhetik benses übernahm bill lediglich die für ihn wohl auch ohne sie aktuelle prämisse von «ästhetik als information»: die wachsende ästhetisierung der technischen zivilisation verknüpft sich mit ihrer semiotisierung (43). doch hat max bense mehrmals über bill geschrieben (44); der kleine essay «aspekte hegels in einer ausstellung max bills» (1976) sticht als besonders interessanter versuch hervor (45).

die totale umweltgestaltung, die max bill im bewundernswert universalistischen pluralismus seiner unternehmungen verfolgt, ist geprägt, denkt man sie logisch zu ende, von einem paradoxon, einer utopischen zivilisationsidee: die endstufe nämlich wäre eine durch und durch veränderte, gestaltete und demnach sinnerfüllte weltwirklichkeit, in der «die kunst» überflüssig würde – mit einer hegelschen wendung von camus zu reden (46): «la beauté sera vécue, non plus imaginée.» dieser entwurf ist schon chronologisch, erst recht aber nach seinem gehalt, seinem würdegrad, primärer, substantieller als der ihm nur scheinbar verwandte, der sich in den sechziger jahren weltweit ausgebreitet hat als happenings, pop art und ars multiplicata, als konsequenz einer verschmelzung von subjektivität und technischer apparatur, von «kunst» und industrie, als überwältigung der *eigenständigen* produktion durch die reproduktion, die wiederholbarkeit des technischen machens selbst. hier drohte – und droht – im zusammenfall von kunst und artefakt, in der auflösung der grenze zwischen kunst und leben, fiktion und praxis, in der schwächung oder liquidation der gestalterischen kompetenz des künstlers ein «ende der kunst durch ihre verwirklichung» (47), die sich von grund auf negativ abhebt von dem durch die konkrete kunst und durch max bills schaffen intendierten.

allein, es besteht keine triftige ursache für die hoffnung – oder die befürchtung –, dass jene alte konstruktivistische vision von der gestaltungstotalität jetzt und hier bald sich ereignen werde. doch unter die blickbahn aktiver umweltgestaltung gehört wohl auch max bills politisches, gesellschaftliches engagement: sein bemühen um die «gute form» wie sein bemühen um die politik, so in den zürcher kommunalen belangen, so als eidgenössisches parlamentsmitglied in bern während einer amtsperiode, überschreiten die ästhetische grenze, die bisweilen eine künstliche abstraktion ist. und in dem boden wurzelt auch max bills denkwürdige ansprache, die er beim empfang des kunstpreises der stadt zürich für das jahr 1968 gehalten hat: über das in hohem masse originelle und provokative thema «das behagen im kleinstaat».

max bills denken und gestalten hat sich nie zum starren system verhärtet; stets wahrt es sich die offenheit und das recht zu revisionen, die neuen erfahrungen entspringen. in den «feststellungen 1974–76» (48) betont er, er ziehe es heute vor, den zur konkreten kunst führenden gestaltungsakt, den er früher von der «mathematischen denkweise» beherrscht sah, als «logische methode» zu bezeichnen. «jeder teil des kreativen prozesses entspricht schritt für schritt logischen operationen und deren logischen überprüfung.» das ist das grundmuster, das er auch auf alle anderen zweige seiner tätigkeit überträgt: die befunde und einsichten haben sich nach dem grade ihrer materiellen, pragmatischen gebrauchsfähigkeit in der umwelt auszuweisen und zu bewahrheiten, nicht anders als die werke von malerei und plastik, die freilich über die sphäre des ökonomisch utilitären hinausreichen als «gegenstände für den geistigen gebrauch». wer möchte dieser kühl erwogenen, in einem heiteren und strengen, glaubhaften, weil gangbaren konzeption den rang bestreiten? ihre verhältnisse sind weltverhältnisse.

47
vgl. marianne kesting, «kunst und artefakt», in: entdeckung und destruktion, münchen 1970, s. 305–330; eduard hüttinger, «aspekte heutiger 'kunst'», in: kunst heute, bern-frankfurt/m. 1974, s. 105–128.

48
max bill, «feststellungen 1974–76», im vorliegenden buch, s. 212.

1925. elektrischer samovar, tombak, höhe etwa 40 cm.

◀ 1926. fiesole, aquarell/tusche, 22,3 × 30,5 cm.

1927. selbstbildnis. kaltnadelradierung, 180 × 143 mm.

biografische chronologie 1908–1987

1908
geboren in winterthur am 22. dezember als bürger von moosseedorf (bern)

1924–27
studien an der kunstgewerbeschule zürich (leitung: alfred altherr; hauptlehrer für die silberschmiedeausbildung: vermeulen; modellieren: carl fischer, eduard bick)

1925
studienreise nach paris zur «exposition internationale d'art décoratif». starke eindrücke von den pavillons von le corbusier, melnikoff, josef hoffmann, kiesler
1. preis im plakatwettbewerb zum hundertjährigen bestehen der schokoladenfabrik suchard

1926
studienreise nach italien; florenz, rom, neapel, capri, venedig, mailand
unter dem eindruck eines vortrages von le corbusier beschluss architektur zu studieren

1927–29
studium am bauhaus, hochschule für gestaltung, in dessau, leitung: walter gropius, dann hannes meyer; unter anderen bei albers, kandinsky, klee, moholy-nagy, schlemmer

1928
studienreise nach italien, aufenthalt in positano

1929
übersiedlung nach zürich
in zürich als architekt, maler, plastiker, grafiker und publizist tätig

1930
mitwirkung am kabarett «der krater»
mitglied des swb (schweizerischer werkbund)
studienreise nach paris

1931
heirat mit binia spoerri
reise nach sizilien
plakat «negerkunst», kunstgewerbemuseum zürich

1932–36
beteiligung an der aktivität der pariser gruppe «abstraction-création»

1932–33. atelierhaus bill in zürich-höngg.

1933. aus der ausstellung «abstraction-création», paris. plastiken von bill, vantongerloo, béothy.

1932
bekanntschaft mit hans arp, erster besuch bei piet mondrian
arbeit mit ignazio silone an der zeitschrift «information»
mitarbeiter von arch. e. f. burckhardt an der bauausstellung berlin/schweizer beteiligung
1933
erste plastiken
erstes zusammentreffen mit georges vantongerloo in paris
einzug in das eigene haus in zürich-höngg
1934
reise nach südfrankreich und italien
1935
reise nach belgien, frankreich, italien
plastik: unendliche schleife
malerei: variationen
kontakt mit max ernst und alberto giacometti
im tessin mit alinevalangin, wladimir vogel, max ernst
1936
schweizer pavillon an der triennale di milano, ausgezeichnet mit dem grand prix
erste fassung des textes «konkrete gestaltung» im katalog der ausstellung «zeitprobleme in der schweizer malerei und plastik», kunsthaus zürich
1937
beitritt zur «allianz», vereinigung moderner schweizer künstler
kontakt mit antoine pevsner
1938
aufenthalte in paris zur bearbeitung des bandes 3 «le corbusier und pierre jeanneret» (1939: verlag girsberger. 5. auflage 1965: verlag für architektur, zürich)
druck der «quinze variations sur un même thème» bei mourlot, paris (éditions des chroniques du jour, paris)
erstes zusammentreffen mit marcel duchamp
text: «konkrete kunst», werk no. 8/1938
mitglied des ciam (congrès internationaux d'architecture moderne)
1939
mitarbeiter von hans schmidt für die ausstellung «städtebau und landesplanung» an der schweizerischen landesausstellung in zürich

atelier in zürich-höngg. 1932–33
aufnahme 1967

1936. schweizer pavillon an der triennale di milano.

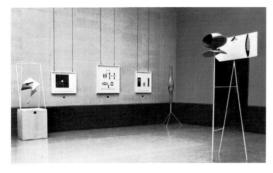
1936. werke von max bill in der ausstellung «zeitprobleme in der schweizer malerei und plastik», kunsthaus zürich.

1942. wohnhaus aus vorfabrizierten wandelementen in bremgarten/aargau.

ferien im château de la sarraz mit hans curjel, ernesto n. rogers, alfred roth, georges vantongerloo u. a.
1939–45
wiederholter militärdienst
1940
text: «paul klee», werk no. 8/1940
1941
gründung des allianz-verlages
1942
bau eines wohnhauses mit vorfabrizierten bauelementen in bremgarten, ag
geburt des sohnes johann jakob bill
1944
organisation der ersten internationalen ausstellung «konkrete kunst», kunsthalle basel
gründung der zeitschrift «abstrakt/konkret» der galerie des eaux-vives, zürich
beginn der tätigkeit auf dem gebiet der produktgestaltung
1944/45
lehrauftrag für formlehre an der kunstgewerbschule zürich (direktor: johannes itten)
1945
publikation der schrift «wiederaufbau» (verlag für architektur, erlenbach-zürich)
kontakt mit adrien turel
aufenthalt in paris bei georges vantongerloo, kontakt mit frank kupka
in mailand am 1. kongress für den wiederaufbau in italien
1946
text: «über typografie», schweizerische graphische mitteilungen no. 4/1946
erste kontakte mit willy baumeister und julius bissier
1947
gründung des i.p.c., «institut für progressive kultur»
text: «worte rund um malerei und plastik» im katalog der ausstellung «allianz», kunsthaus zürich
grossausführung der plastik «kontinuität» innerhalb der züka und erste «bildsäule» im auftrag von hans fischli
freundschaft mit henry van de velde
1948
erste reisen nach deutschland nach 1932, vortrag: «planen

1942. wohnhaus aus vorfabrizierten
wandelementen in bremgarten/aargau.

1947–48. dreiteilige einheit. chromnickelstahl. 100×90×117 cm. grosser internationaler preis für plastik an der biennale são paulo 1951. sammlung museu de arte moderna, são paulo. in bronce: museo d'arte contemporanea, rom.

1951. schweizer pavillon an der triennale di milano.

und bauen im ausland» auf der deutschen bautagung in leipzig unter dem vorsitz von willy stoph
zerstörung der «kontinuität» anlässlich des zürcher sechseläutens durch vandalen
gastvorlesungen an der architekturabteilung der technischen hochschule darmstadt
vortrag an der hochschule für bildende künste stuttgart, aufenthalte in frankfurt, münchen und ulm
vortrag: «schönheit aus funktion und als funktion» auf der jahrestagung des swb in basel, erstmals veröffentlicht in werk no. 8/1949

1949

organisation der ausstellung «die gute form» an der schweizerischen mustermesse basel und gleichzeitig an der werkbundausstellung köln, anschliessend als wanderausstellung in der schweiz, in deutschland und österreich
kandinsky-preis
mitglied der uam (union des artistes modernes, paris)
text: «die mathematische denkweise in der kunst unserer zeit» für den katalog der ausstellung «pevsner, vantongerloo, bill» im kunsthaus zürich
informationsbesuch von tomàs maldonado in zürich
publikation der monographie «robert maillart» (1949, 1969 3. auflage: verlag für architektur, zürich) und dem portofolio «kandinsky» (holbein-verlag, basel)

1950

planung des programms und der bauten für die hochschule für gestaltung in ulm auf einladung der ulmer initianten, inge scholl und otl aicher
publikation: «moderne schweizer architektur 1925–45»
publikation: «die gute form», wegleitung des kunstgewerbemuseums zürich

1951

schweizer pavillon an der triennale di milano, ausgezeichnet mit dem grand prix, ausserdem 2 goldmedaillen
beteiligung am kongress «de divina proporzione» in mailand mit referat «der mensch und der raum»; zusammen mit le corbusier, ernesto n. rogers und giuseppe somona
gründung eines arbeitsausschusses für die fortsetzung der kongressarbeit
grand prix für plastik an der biennale de arte são paulo

kontinuität. 1946–47
höhe ca. 300 cm.
ausgeführt in stahlgerippe und kalkputz
aufgestellt in zürich, zerstört 1948

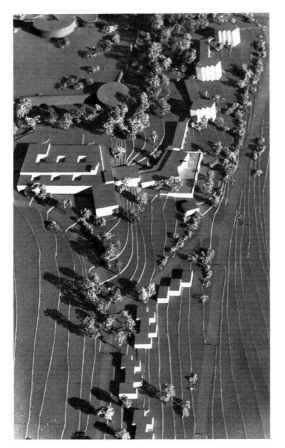

1951–53. hochschule für gestaltung, ulm. modell der gesamtanlage. nur teilweise realisiert, zwischen 1953–55.

1955. hochschule für gestaltung, ulm. korridor. zwischen dem hauptgebäude und den studentenhäusern, unter den studentenstudios.

publikation: «wassily kandinsky» (maeght, paris)
1951–56
beauftragung mit dem bau und berufung als rektor der hochschule für gestaltung in ulm. leiter der abteilung architektur und der abteilung produktform
1952
publikation: «form», eine bilanz der formentwicklung um die mitte des 20. jahrhunderts (verlag werner, basel)
text: «de la surface à l'espace», XXe siècle, paris
mitglied des zentralvorstandes des swb (bis 1962)
neu-herausgabe: kandinsky: über das geistige in der kunst (benteli, bern)
1953
honorable mention (3. rang) im internationalen wettbewerb für das denkmal «the unknown political prisoner»
kontakt mit max bense
reise nach brasilien auf einladung der brasilianischen regierung, vortrag im museu de arte moderna, rio de janeiro
vortrag: «l'architecte, l'architecture et la société» an der universität são paulo
reise nach peru (lima, cuzco, machu pichu). in lima nach 25 jahren wiedersehen mit josef albers. weiterreise nach den usa in verbindung mit dem referat: «art, business, culture, design» am design-kongress in aspen/colorado
aufenthalt in chicago und new york
zusammentreffen mit charles eames, philip johnson, edgar kaufmann, konrad wachsmann, nikolaus pevsner
referat: «l'esthétique au temps du machinisme» am «1er congrès d'esthétique industrielle, paris
mitglied des institut d'esthétique industrielle, paris
mitglied der jury für den grossen architekturpreis von são paulo
baubeginn der hochschulbauten in ulm
beginn des ordentlichen unterrichts der hochschule für gestaltung in ulm
zusammentreffen mit walter peterhans, ludwig mies van der rohe, hugo häring
referat: «konstanz und veränderung» auf der tagung des swb in biel
reise nach brasilien als mitglied der jury der biennale von são paulo

1951–55. hochschule für gestaltung, ulm. blick vom mensadach gegen verwaltung und das lehrgebäude.

1955. pavillon der stadt ulm auf der baden-württembergischen landesausstellung, stuttgart.

1955. werke von max bill auf der ersten «documenta», kassel.

hocker für vielseitige verwendung in der ulmer hochschule für gestaltung. 1954

1954
triennale di milano: goldene medaille
referat: «was ist industrial design?» auf dem kongress «industrial design», mailand
1955
pavillon der stadt ulm, landesausstellung in stuttgart
publikation: «mies van der rohe» (balcone, milano)
text: «the beginning of a new epoch in architecture», in architectural design, no. 11/1955, london
neu-herausgabe: «kandinsky: punkt und linie zu fläche» (benteli, bern)
in buenos aires erscheint monographie «max bill», editorial nueva vision (herausgeber tomàs maldonado)
übergabe der bauten der hochschule für gestaltung in ulm
projekt für ein denkmal für georg büchner in darmstadt
1956
rücktritt als rektor der hochschule für gestaltung und als leiter der beiden abteilungen architektur und produktform.
schaffung eines zentralen ateliers für fortgeschrittene studierende aller abteilungen der hochschule
ausserordentliches mitglied des rektoratskollegiums der hochschule für gestaltung
beitritt zum deutschen werkbund
referat: «umweltgestaltung nach morfologischen gesichtspunkten» an der tagung des swb und dwb in ulm
auszeichnung mit dem «compasso d'oro»
publikation: «kandinsky: essays über kunst und künstler» (hatje, stuttgart; 2. und weitere auflagen bei benteli, bern)
1956–57
retrospektive wanderausstellung in den museen ulm, münchen, duisburg, hagen, zürich
1957
vortrag: «aktuelle probleme der gestaltung», villa hügel, essen
rücktritt aus dem rektoratskollegium der hochschule für gestaltung wegen tiefgreifender meinungsverschiedenheiten mit geschwister-scholl-stiftung und rektoratskollegium
wiedereröffnung des zürcher ateliers
organisation der ausstellung «die unbekannte gegenwart» in allen schaufenstern des warenhauses globus in zürich, basel, st. gallen, chur, aarau
bau des cinévox in neuhausen

1957. saal des «cinévox». wohnhaus mit kino.
neuhausen am rheinfall.

1935–53. unendliche schleife. granit.
150×100×120 cm. musée national d'art moderne, paris.

1961–64. schweizerische landesausstellung 1964, sektor bilden und gestalten und ost-eingang.

vortrag: «funktion und gestalt» im auditorium maximum der eidgenössischen technischen hochschule zürich
1958
vorträge an der technischen hochschule stuttgart, an der hochschule für bildende künste hamburg und in hilversum
erscheint «max bill», festschrift zum 50. geburtstag, herausgegeben von eugen gomringer, mit texten von max bense, will grohmann, richard p. lohse, kurt marti, annie müller-widmann, carlos flexo ribeiro, ernesto n. rogers, ernst scheidegger (verlag arthur niggli, teufen)
1959
mitglied des bsa (bund schweizer architekten)
einrichtung der ausstellung «swiss design», london
1959–1960
retrospektive in den museen leverkusen, stuttgart, winterthur
1960
beginn der mitarbeit als berater für die vorbereitung der schweizerischen landesausstellung, lausanne 1964
für die kunstgesellschaft und die verwaltungsabteilung des stadtpräsidenten von zürich organisation der ausstellung «konkrete kunst, 50 jahre entwicklung» im helmhaus zürich
bau der zwei wohnhäuser fleckhaus und dr. bold in odental-erberich bei köln
organisation der ausstellung «dokumentation über marcel duchamp» und katalogredaktion für das kunstgewerbemuseum zürich
bau der lichtdruck ag, dielsdorf (vorfabrikationssystem)
vom schweizerischen bundesrat zum mitglied der eidgenössischen kunstkommission gewählt (ab 1961 bis 1969)
ausarbeitung eines vorschlages «institut für gestaltung» im auftrag des schulvorstandes der stadt zürich
1961
ankauf der «unendlichen schleife» durch den französischen staat für das musée national d'art moderne, paris
auftrag als chefarchitekt für die gestaltung des sektors «bilden und gestalten» an der schweizerischen landesausstellung 1964. dies bleibt bis zur eröffnung der expo 64 die haupttätigkeit
bau eines brunnenhofes an der internationalen wasserbauausstellung berlin im auftrag der eternit
wird zum mitglied des gemeinderates der stadt zürich gewählt

brunnenhof bei der kongresshalle berlin. 1961
im zentrum brunnen aus säulen gleichen inhalts
ausführung eternit

1964. schweizerische landesausstellung, lausanne. «hof der künste» mit goldplastiken verschiedener künstler.

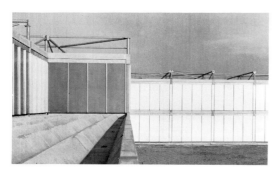

1961–64. schweizerische landesausstellung, lausanne 1964. konstruktionsdetail des sektors bilden und gestalten.

1965. ausstattung «könig ubu» von jarry im dafür erbauten zelttheater.

planung und bau des verwaltungsgebäudes der «imbau» in leverkusen
1962
reise nach montreal im auftrag der alcan zum studium eines aluminiummuseums und einer plastik (vorschlag für den «tetrahedron twist» von 300 m länge auf der place ville marie, nicht ausgeführt)
beginn der zusammenarbeit mit architekt willy roost für die erweiterungsbauten von radio zürich, 1. projekt
organisation einer vantongerloo-ausstellung in der marlborough new london gallery, london
1963
ausstattung der neufassung von «ödipus» im ulmer theater
vortrag in weingarten: «gestaltete umwelt in der zukunft»
text und dokumentation: «vorfabriziertes bauen – freiheit oder bindung?», form no. 24/1963, opladen
1964
ehrenmitglied (hon, f.a.i.a.) des american institute of architects
reise nach st. louis, chicago, montreal, london
erscheint monographie «max bill» von margit staber, methuen, london
wahl in den stiftungsrat der geschwister-scholl-stiftung
eröffnung der schweizerischen landesausstellung lausanne 1964, mit dem sektor «bilden und gestalten»
referat an der farbtagung in der technischen hochschule stuttgart: «wie weit erträgt oder benötigt unsere umwelt zusätzliche farbe?»
1965
enthüllung der plastik «rhythmus im raum» vor dem gemeindehaus uster
reise nach athen zur ausstellung «panathenée de sculpture»
georges vantongerloo stirbt in paris
bau eines zelttheaters für «könig ubu» von alfred jarry und ausstattung der aufführung für die «zürcher werkbühne» auf dem lindenhof zürich
beteiligung am internationalen kongress «vision 65» in der southern illinois university in carbondale (ill., usa) mit referat: «responsability in design and information»
reise nach dallas
votum an der tagung des deutschen werkbundes in berlin:

theater und konzertsaal im sektor bilden und
gestalten der schweizerischen landesausstellung,
lausanne 1964.

1966. bühnengestaltung aus gleichen, drehbaren prismen für «zwischenfälle bei einer notlandung». oper von boris blacher, erstaufführung in der hamburger staatsoper.

1965–66. drei plastiken der «familie von fünf halben kugeln» im mathematischen institut der universität karlsruhe.

1966–67. lavina-tobel-brücke, bei tamins (graubünden). konzept von max bill, zusammen mit dem ingenieurbüro roš und mitarbeiter aschwanden & speck, zürich.

«gestaltung ist die voraussetzung dafür, dass bildung entsteht»
zusammenarbeit mit ingenieurbüro roš, später aschwanden & speck, zürich, 1966–67 realisierung der lavina-tobelbrücke, tamins
ehrenmitglied des «œuvre», schweiz, vereinigung für künstler, handwerker und industrielle
1966
referat am forum «schönes wohnen» in münchen: «das individuelle und das allgemeine in der architektur»
reise nach chicago, washington, baltimore, philadelphia, new york
erster spatenstich für die erweiterungsbauten von radio zürich
überreichung der goldmedaille der präsidentschaft der italienischen deputiertenkammer anlässlich des internationalen kongresses der kritiker und künstler in verucchio
ausstattung der oper «zwischenfälle bei einer notlandung» von boris blacher/heinz von cramer in der staatsoper hamburg, im auftrag von rolf liebermann
fertigstellung der «familie von fünf halben kugeln» für das mathematische institut der universität karlsruhe
1967
arbeit an einer 14 m hohen «windsäule», errichtet vor dem schweizer pavillon an der weltausstellung montreal expo 67
bau seines wohn- und atelierhauses in zumikon/zürich (bezug 1968)
berufung als professor an die staatliche hochschule für bildende künste, hamburg (lehrstuhl für umweltgestaltung, bis 1974)
referat zum thema «ordnung und unordnung» an der aspen international design conference, aspen/colorado
wahl als nationalrat in das eidgenössische parlament (bis 1971)
1968
vom stadtrat zürich beauftragt mit der neugestaltung der traditionellen ausstellung der zürcher künstler. vorschlag: nach themen getrennt für die jahre 1968, 1969, 1970
ankauf der plastik «rhythmus im raum» durch die stadt hamburg und aufstellung an der aussenalster
mitarbeit an einem nachhinein ummanipulierten film

windsäule. 1969
aluminium. ⌀ 140 cm, h = 14 meter
ausgeführt für den schweizer pavillon der expo 67
montréal
1969 vor dem musée d'art contemporain
montréal vom sturm zerstört

haus bill in zumikon/zürich, gartenseite. erbaut 1967–68.

1968. wohnraum im haus bill, zumikon/zürich.

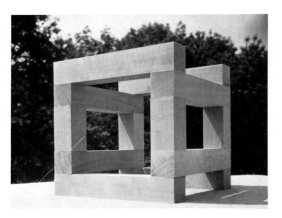

1969. pavillon-skulptur. granit.
252×252×252 cm. aufgestellt im hakone-park-museum (japan).

«22 fragen an max bill» von georg radanowicz
«for what art can be used». herbert-read-lecture im institute for contemporary art, london
referat «aktuelle probleme und die kunst», arbeitsgemeinschaft kultureller organisation düsseldorf
kunspreis der stadt zürich, laudatio von eduard hüttinger, und vortrag «das behagen im kleinstaat»
fernsehfilm über max bill von petra kipphoff
1969
teilnahme an der biennale nürnberg (sonderausstellung), verantwortlich für die schweizer beteiligung als kommissar
aufenthalt in new york
einleitendes referat «spiel und spielzeug» am internationalen spielzeugkongress in zürich
reise nach graz und wien
ernennung zum mitglied der jury «die gute form» durch das bundeswirtschaftsministerium (brd)
1970
mitherausgeber «die grossen der weltgeschichte» (kindler-verlag, zürich und münchen)
reise nach tokio–osaka–hongkong als mitglied der offiziellen schweizer delegation mit bundesrat gnägi. vortrag an der musashino art university, tokio
aufenthalt in jerusalem als mitglied des subkomitees für stadtplanung des jerusalem-komitees
1971
ernennung zum mitglied des «conseil supérieur de la création esthétique industrielle» beim französischen ministerium für industrielle und wissenschaftliche entwicklung (bis 1973)
referat am mondrian-symposium im guggenheim museum new york anlässlich der eröffnung der hundertjahr-gedächtnisausstellung: «mondrian and the present»
reise nach london, boston, buffalo, new york; jury-mitglied des internationalen diamant-schmuck-wettbewerbes
referat «wohnen im jahr 2000» am welt-chemiefaser-kongress münchen
referat «funzione dell'arte e dell'artista società» in venedig. publiziert in «la biennale di venezia»
einer der zehn gleichen preise an der 1. internationalen biennale für kleine plastik, budapest

mal-atelier im haus bill, zumikon-zürich. 1968

1971. einrichtung der galerie denise rené/hans mayer in düsseldorf.

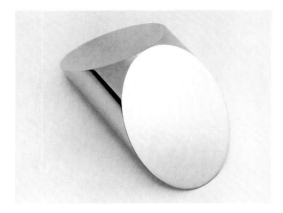

1972. zylinder als rechtwinkliges volumen. chromnickelstahl. 16 × 8 cm. als serie hergestellt.

1974. verschiedenfarbiges schallabsorptionssystem im schalltoten raum, radio zürich.

entwurf der galerie denise rené/hans mayer, düsseldorf
1972
mitglied der internationalen jury für den exempla-preis an der internationalen handwerksmesse, münchen
referat über «multiplizierte kunst» im bundesministerium für städtebau und wohnungswesen (ausstellungseröffnung)
ausserordentliches mitglied der akademie der künste, berlin
einrichtung der ausstellung fritz glarner in der kunsthalle bern, fritz glarner stirbt in locarno
eröffnungsvortrag zur studientagung anlässlich des 100. geburtstages von robert maillart an der princeton university
reise nach new york, buffalo, toronto
aufenthalt in kairo, luxor, karnak
retrospektive im musée rath, genève
ausstellung in der galerie lorenzelli, milano
1973
eröffnungsansprache zur ausstellung hans hinterreiter im kunstmuseum winterthur
reise nach stockholm
ausserordentliches mitglied der königlich-flämischen akademie der wissenschaften, literatur und bildenden künste
ehrenrat der internationalen vereinigung für bildende kunst AIAP/unesco
aufenthalt in rom
1974–75
vorbereitung und jeweilige reise zur einrichtung der wanderausstellung «max bill» in den vereinigten staaten in buffalo, new york, washington, san francisco, los angeles
1975
reise nach los angeles, mexiko city, oaxaca, monte alban, san francisco, new york
rede zur eröffnung der ausstellung moholy-nagy im kunstgewerbemuseum zürich
aufenthalt in new york
referate am symposium über kommunikation in stockholm
«die funktion des kunstgewerbemuseums in der heutigen zeit», festvortrag zum 100jährigen bestehen des kunstgewerbemuseums der stadt zürich
aufenthalt in washington
referat «das irrationale in der konkreten kunst» an der jahresversammlung der galerie seestrasse, rapperswil

1964–74. studio- und verwaltungsgebäude
radio zürich (drs).

1976. feier zum 50. jahrestag der eröffnung des bauhausgebäudes in dessau.
bill ist 2. rechts oben

1975
aufenthalt in jerusalem anlässlich der plenarsitzung des jerusalem-komitees
planung von zwei galerien für denise rené in paris
1976
einrichtung der wanderausstellung in hamburg, berlin, stuttgart
referat zur eröffnung der ausstellung frank kupka im kunsthaus zürich
referat «stability or an open attitude towards the future» an einer expertenkonferenz der unesco in nairobi/kenya
mitarbeit am film «max bill» realisiert von jean-louis roy für télévision suisse romande
auftrag des universtitätsbauamtes ulm für ein werk auf dem gelände der universität (drei bildsäulen)
referat «ce que j'ai appris de l'œuvre de brancusi» am centenarium brancusi in bukarest
teilnahme am bauhaus-colloquium an der hochschule für architektur und bauweisen, weimar
teilnahme an der feier zum 50. jahrestag der eröffnung der bauhaus-gebäude in dessau
ausstellung in der galerie lorenzelli, milano
sondernummer der zeitschrift «du» (zürich, juni)
1977
referat «kunst und architektur» an der staatlichen akademie der bildenden künste stuttgart
referat «kunst und bau» an der tagung der akademie der architektenkammer nordrhein-westfalen in gelsenkirchen
abschluss der bauten und umbauten für radio zürich
vorbereitung von ausstellungen in parma und pfäffikon/schwyz
publikation der monografie «max bill» von eduard hüttinger (abc-verlag zürich)
publikation «max bill» von arturo carlo quintavalle (universita di parma)
1978
aufstellen von drei bildsäulen bei der universität ulm
einrichtung und eröffnungsrede der fritz-glarner-ausstellung im «quadrat»-museum bottrop
übergabe der plastik «unendliche schleife» im stadtpark an die stadt essen, gestiftet von ferrostaal
vortrag in der berliner architekten-kammer über schinkel

1978–83. bildsäule beim klinikum münchen-grosshadern. h = 20 m

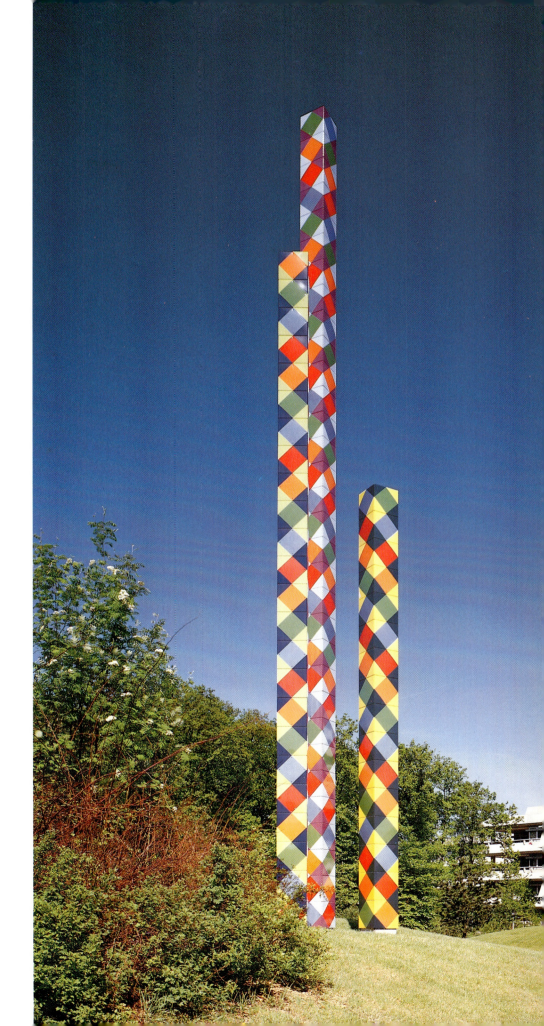

drei bildsäulen. 1976–1977
emailplatten auf stahlskelett
h = 8, 12, 16 meter
universität ulm

1978–79. städtisches museum quadrat bottrop.
ausführung in stahl
«einheit aus drei gleichen volumen»

reise nach iran zum aufstellen der plastik «rhythmus im raum» vor dem museum für moderne kunst in teheran
ferien in hydra bei edgar kaufmann jr.
referat an der aica-generalversammlung in lugano (publiziert in heft 10, notizario galleria lorenzelli, milano)
ausstellung in der galerie lorenzelli, milano
ausstellung im «quadrat» bottrop und grossausführung einer plastik
festveranstaltung im kunsthaus zürich anlässlich des 70. geburtstages, reden von stadtpräsident dr. widmer und dr. willy rotzler
beginn der vorbereitung für die pavillon-skulptur an der bahnhofstrasse/pelikanstrasse zürich
reise nach kreta

1979

erweiterung des hauses in höngg für den sohn dr. jakob bill mit familie
beginn der vorbereitung der vantongerloo-wanderausstellung für washington – dallas – san franzisco, im auftrag der belgischen regierung
mitglied des vorstandes des vereins bauhaus-archiv berlin
aufenthalt in cadaques
ausstellung in caracas. reise nach venezuela, mexico, USA
erhält grosses verdienstkreuz der brd
die unviversität stuttgart verleiht ihm den dr. ing. honoris causa
publikation «max bill ou la recherche d'un art logique» valentina anker (l'age d'homme, lausanne)

1980

ausstellung im waaghaus winterthur mit überreichung des städtischen kunstpreises
gesamtausstellungen in madrid und barcelona
ausstellung in lugano/villa malpensata
vortrag universität bern: «wechselbeziehungen zwischen wissenschaft und kunst»
aufstellung der «säule mit 3–8-eckigen querschnitten» in genf/bourg de four
einrichtung der ausstellung vantongerloo in washington (dallas), los angeles
international crafts council tagung in wien. eröffnungsvortrag «craft tomorrow»
aufstellen der plastik «kugelschale mit drei gleichen aus-

1981. modell «konstruktion aus drei gleichen platten», für ausführung in granit (h = ca. 270 cm)

konstruktion aus vier halbierten würfeln. 1973–1985
kalkstein, h = 240 cm, ausdehnung 15 × 15 m
städtische parkanlage jerusalem
geschenk von madeleine lejwa (siehe s. 210)

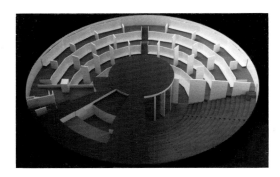

1980. florenz. projekt für ein museum für zeitgenössische kunst

schnitten», gestiftet von migros in st. gallen
museumsprojekt für firenze. reise nach todi, arezzo
vortrag in der akademie in bruxelles: «einflüsse von pionieren der architektur in und aus belgien»
kunst-ausstellung der geschäftsstelle zumikon der schweizerischen bankgesellschaft

1981
einrichtung der vantongerloo-ausstellung im musée royaux des beaux arts, bruxelles
aufstellung modell pavillonskulptur pelikan-bahnhofstrasse und expertenkommission. darüber auslösung einer pressediskussion
symposium universität stuttgart. vortrag bill «wozu postmoderne?»
projekt für weissenhof-siedlung-ausweitung
einrichtung vantongerloo-ausstellung mit dokumentation kunsthaus zürich
vorlesungen am kunsthistorischen seminar universität zürich über konkrete kunst
museums-convegno in florenz/vorstellung des neubauprojektes
premio europeo umberto biancamano/überreichung in genf
projekt erweiterung der nationalgalerie berlin (wettbewerb)
internationale biennale der kleinskulptur, padua
ehrensaal max bill und überreichung der medaille der stadt padova

1982
vortrag fundacion march madrid «der raum bei mondrian»
jerusalem-kommittee-tagung
übergabe des einstein-monuments in ulm
erhält den kaiser-ring der stadt goslar und retrospektive im «mönchehaus». anschliessend in der galerie denise rené/hans mayer in düsseldorf
ritter des kronenordens (verliehen durch order des belgischen königs in anerkennung seiner verdienste um das werk des flämischen künstlers georges vantongerloo)
in london: misha-black-medaille für seine verdienste um die design-erziehung
auftrag der deutschen bank für die ausführung der plastik «kontinuität» aufgrund einer neuen version des 1945/47 entstandenen konzeptes

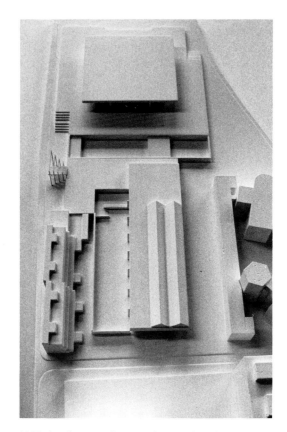

1982. berlin. erweiterungsbau nationalgalerie, projektwettbewerb der IBA

albert einstein monument. 1979–1982
ukrainischer granit, 2 × 2 × 6 meter
an stelle seines im krieg zerstörten geburtshauses in ulm,
am anfang der jetzigen fussgängerzone

1983. zürich. pavillonskulptur.
gesamtansicht von oben

1983. zürich. pavillonskulptur.
blick von der pelikanstrasse
nach der bahnhofstrasse

1983
aufstellen von zwei bildsäulen (20 und 16 m hoch) beim klinikum grosshadern, münchen
die gemeinde riehen (basel) übernimmt die plastik «doppelfläche mit sechs rechtwinkligen ecken» aus rosa granit, aufgestellt vor dem gemeindehaus
ausstattung des stückes «beruf: arlecchino» für die opera factory zürich
aufrichten der plastik «einheit aus kugel und endloser spirale» vor dem hauptsitz schweiz der IBM
ausstellung in uster vor dem rathaus «skulpturen aus granit» von max bill
korrespondierendes mitglied der académie d'architecture (paris)
besuch des steinbruches in sardinien zur wahl des steines für die ausführung der «kontinuität» für den neubau der deutschen bank in frankfurt
übergabe der «pavillon-skulptur» an der pelikan-bahnhofstrasse durch die schweizerische bankgesellschaft an die stadt zürich
vernissage der ausstellung «max bill» im helmhaus, veranstaltet von der stadt zürich. festveranstaltung zum 75. geburtstag mit reden von stadtpräsident dr. thomas wagner und dr. eduard hüttinger. gleichzeitig ausstellungen bei gimpel, hanover & emerich, galerie lopes und grafikgalerie waser
mitglied der académie internationale de philosophie de l'art
1984
carrara ankunft des granitblockes und beginn der arbeiten an der kontinuität
am théâtre du vidi/lausanne wird eine erinnerungstafel befestigt; es ist dieses noch immer in betrieb, seitdem max bill es für die expo 64 als provisorium gebaut hatte
reise nach chicago zum studium eines auftrages für das transportation center und für die internationale kunstmesse, wo denise rené/hans mayer eine max-bill-sonderschau zeigen
weiterreise nach new york und paris
reise nach budapest zur besichtigung der räume in der kunsthalle für eine geplante max-bill-ausstellung
8th british international print biennale, bradford GB special honory price

pavillon-skulptur. 1979–1983
64 gleiche schwarzwald-granit-elemente
ca. 22 × 6 × 4 m
zürich, bahnhofstrasse–pelikanstrasse
geschenk an die stadt von der schweiz. bankgesellschaft

1985. rikles hall / kunstmuseum tel aviv.
endgültige plazierung von zwei plastiken
(abbildungen «hüttinger», s. 222 + 223)

goldmedaille norsk international grafikk biennale, fredrikstad, N
ehrenmitglied der staatlichen kunstakademie düsseldorf
«tor in goslar» granitplastik im neuwerksgarten goslar
ausstellung galerie teufel, köln
sonderausstellung kunstmesse köln galerie edith wahlandt
1985
vorsitzender des vereins bauhaus-archiv berlin
installierung von zwei plastiken aus dem besitz der rapid american, im tel aviv museum (s. 222 + 223)
besuch der baustelle für «vier würfel in je zwei gleiche hälften geteilt», grossplastik in jerusalem
anschliessend weiterreise nach ägypten: assuan – abu simbel – nil – karnak – saquara – cairo
übergabe von zwei bildsäulen beim bauhausarchivgebäude an die stadt berlin und begrüssung zu 25 jahre bauhaus-archiv
ausstellung in der galerie lorenzelli, milano
ausstellung galerie wolfgang ketterer, münchen
ausstellung kunstmuseum des kt. thurgau/kartause ittingen
ausstellung im palazzo comunale todi/italien
schweizer delegierter am kultur-forum/KSZE-treffen in budapest
mitglied «academia nazionale de arte» argentinien
hängende plastik «endlose spirale» (h = ca. 9 m) im spiel-casino hohensyburg/dortmund
ernennung zum kommandeur im «ordre des arts et lettres» (frankreich)
ausstellung in der galerie edith wahlandt, stuttgart
1986
wandgestaltung «combillation mit 30 gleichen elementen», daimler-benz museum, stuttgart
einrichtung der gedächtnisausstellung «100 jahre georges vantongerloo» im PAC milano
einrichtung der vorgenannten ausstellung in der akademie der künste berlin und im museum «quadrat», bottrop
wahl zum vice-präsidenten der akademie der künste (berlin)
einrichtung der retrospektive, kunsthalle mücsarnok, budapest
fertigstellung mit übergabe der monolithischen granit-plastik «kontinuität» in frankfurt

1986. übergabe der «kontinuität» in frankfurt.
max bill und seine mitarbeiter für die ausführung.
im vordergrund dominique straobant

kontinuität (2. fassung 1983–1986)
gardischer granit, h = ca. 5 m
frankfurt, vor dem hauptsitz der deutschen bank
(1. fassung 1946–1947 siehe s. 37)

1984–86. utrecht. raumkreuz im hof von st. catharinen. 200 × 200 × 240 cm höhe

dokumentations-publikation werner spies: «kontinuität»
granitmonolith von max bill
fertigstellung der plastik «raumkreuz» in utrecht
einrichtung der retrospektive, nationalmuseum beograd
pavillonskulptur für die fondation cartier
1987
entwurf eines 5-fr.-stückes zum 100. geburtsjahr le corbusier
sonderausstellung an kunstmesse «forum» bei hans mayer
einrichtung der retrospektive kunsthalle weimar
raum an der eröffnungsausstellung der stiftung für konstruktive und konkrete kunst, zürich
einrichtung der retrospektive nationalgalerie (waldstein-palais) prag
einrichtung der retrospektive kunsthalle «schirn» frankfurt/m.

1986–87. projekt pavillon-skulptur für «fondation cartier pour l'art contemporain», jouy-en-josas/frankreich

1987. gespräch in der kunsthalle weimar

die dimensionen aller abgebildeten werke sind angegeben höhe × basis

max bill in seinem atelier in zumikon-zürich
an seinem 65. geburtstag, 22. dezember 1973

räumliche komposition no. 9. 1928
öl auf sperrholz. 69 × 44 cm

well-relief. 1931–32
eisenblech weiss bemalt. 80 × 120 cm

lange plastik. 1933
holz und eisen. höhe 200 cm

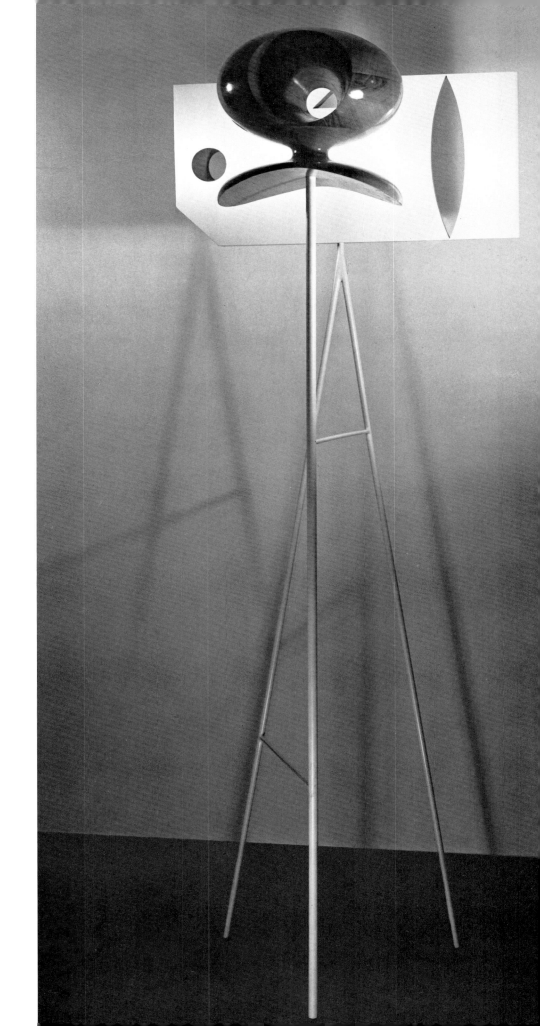

zweiteilige plastik. 1934
holz und eisen. höhe 230 cm

konstruktion. 1934
öl auf pressholz. 50 × 60 cm

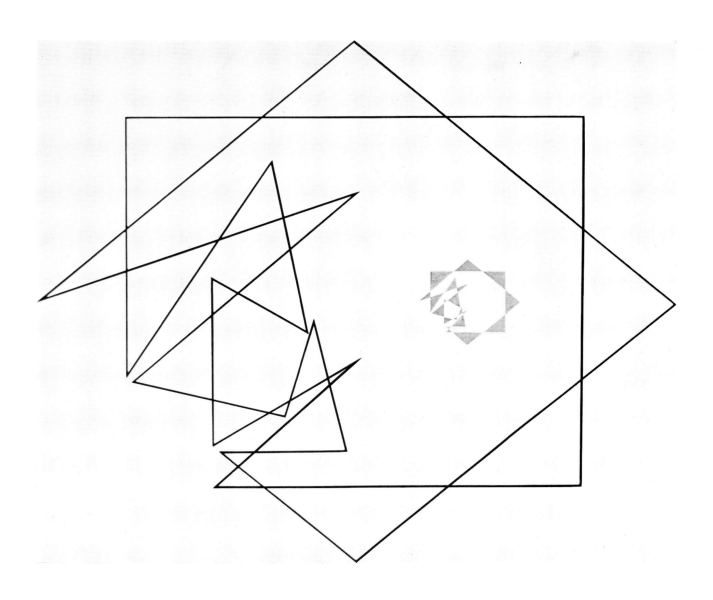

konstruktion aus zwei teilen. 1934
öl auf pressholz. 50 × 60 cm

schwarze plastik. 1934–35
holz. 10 × 25 cm

konstruktion mit schwebendem kubus. 1935–36
messing und eisen. 50 × 60 × 120 cm

unendliche schleife. 1935–53
granit. 150×100×120 cm
musée national d'art moderne, paris

im katalog der ausstellung *zeitprobleme in der schweizer malerei und plastik* formulierte max bill 1936 die prinzipien der konkreten kunst, als präzisierung der von theo van doesburg publizierten ideen in der ersten und einzigen nummer der zeitschrift *art concret* (1930). bill revidierte seinen text als einleitung zum katalog der wanderausstellung in deutschland 1949, *zürcher konkrete kunst.* dieser text ist enthalten in der publikation *konkrete kunst,* herausgegeben von margit staber (in *gesammelte manifeste,* 1966, verlag galerie press, st. gallen).

konkrete kunst

konkrete kunst nennen wir jene kunstwerke, die aufgrund ihrer ureigenen mittel und gesetzmässigkeiten – ohne äusserliche anlehnung an naturerscheinungen oder deren transformierung, also nicht durch abstraktion – entstanden sind.

konkrete kunst ist in ihrer eigenart selbständig. sie ist der ausdruck des menschlichen geistes, für den menschlichen geist bestimmt, und sie sei von jener schärfe, eindeutigkeit und vollkommenheit, wie dies von werken des menschlichen geistes erwartet werden muß.

konkrete malerei und plastik ist die gestaltung von optisch wahrnehmbarem. ihre gestaltungsmittel sind die farben, der raum, das licht und die bewegung. durch die formung dieser elemente entstehen neue realitäten. vorher nur in der vorstellung bestehende abstrakte ideen werden in konkreter form sichtbar gemacht.

konkrete kunst ist in ihrer letzten konsequenz der reine ausdruck von harmonischem mass und gesetz. sie ordnet systeme und gibt mit künstlerischen mitteln diesen ordnungen das leben. sie ist real und geistig, unnaturalistisch und dennoch naturnah. sie erstrebt das universelle und pflegt dennoch das einmalige. sie drängt das indvidualistische zurück, zugunsten des individuums.

(1936–49)

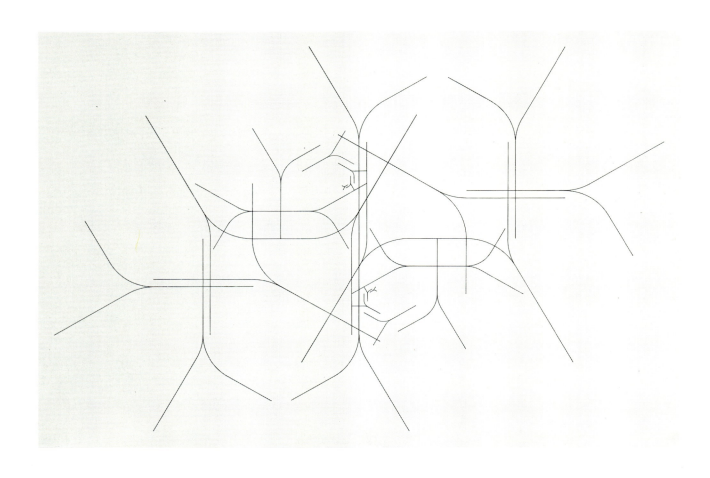

konstruktion auf der formel $a^2 + b^2 = c^2$. 1937
tusche auf karton. 35 × 52 cm

konstruktion. 1937
grauer granit. ⌀ 120 cm
sammlung march,
cala ratjada/mallorca

tektonische konstruktion. 1937
gouache auf karton. 30 × 50 cm

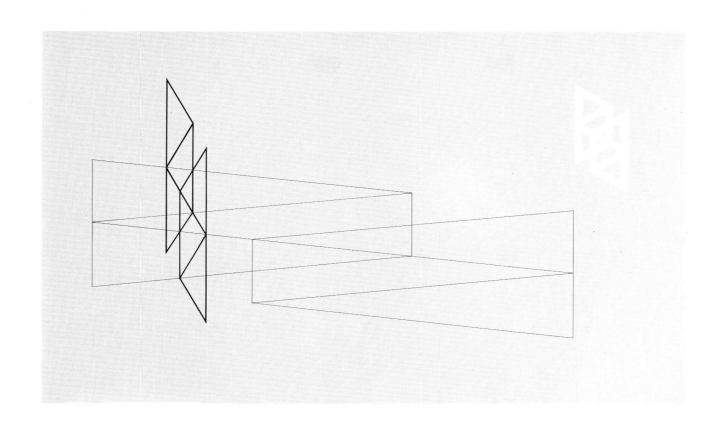

schwarz-weisse konstruktion. 1938
tusche und gouache auf karton. 30 × 50 cm

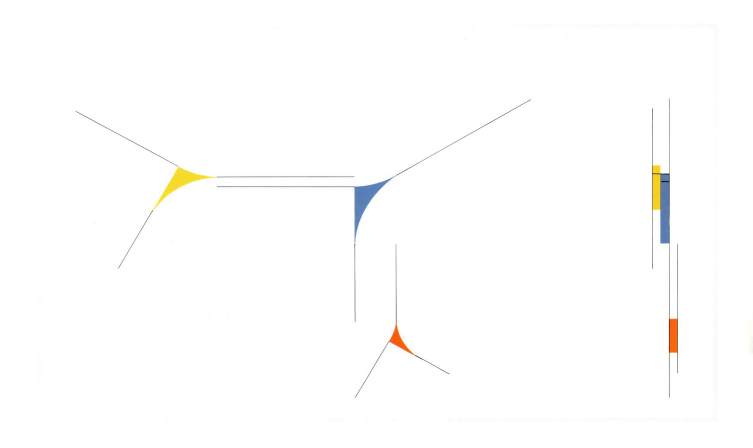

konstruktion mit zwei gruppen. 1938
gouache auf karton. 30 × 50 cm

konstruktion aus 30 gleichen elementen. 1938–39
rostfreier stahl. 459×76×153 cm

quinze variations sur un même thème. 16 lithografien, gedruckt bei mourlot, paris (30,5 × 32 cm). paris, éditions des chroniques du jour, 1938.

fünfzehn variationen über ein thema

meine «fünfzehn variationen über ein thema» sind entstanden in den jahren 1936–38. den entschluss, diese in der vorliegenden form zu veröffentlichen, fasste ich aus der erkenntnis heraus, dass sich viele kunstfreunde nicht klar sind über die entstehung von kunstwerken und über deren inneren und äusseren aufbau.

obschon es möglich ist, unsere werke zu lieben, ohne sie verstanden zu haben, ist es kaum möglich, sie voll zu geniessen, ohne die bei ihrer entstehung angewandten methoden wenigstens zu ahnen.

um einen einblick zu geben in eine gruppe solcher methoden und dadurch dem betrachter zu ermöglichen, verschiedene vorgänge an beispielen nachzuprüfen, geht den «fünfzehn variationen über ein thema» ein einfacher kommentar voraus. darin wird auf verschiedene zusammenhänge hingewiesen, welche im thema und in den fünfzehn variationen erkennbar sind und welche dieselben verbinden.

innerhalb dieser eng gezogenen grenzen liegen soviele variations-möglichkeiten, dass man schon darin, dass ein einziges thema, das heisst eine einzige grundidee, zu fünfzehn sehr verschiedenen gebilden führt, einen beweis erblicken kann, dass die konkrete kunst unendlich viele möglichkeiten in sich birgt. solche gesetzmässige konstruktionen, welche ausserhalb jeder schematischen «proportionierung», lediglich aus ihren inneren gegebenheiten entwickelt sind, können je nach persönlichem willen und temperament, auf jedem frei gewählten thema, vollkommen andersartig aufgebaut werden und je nachwahl des themas, ob kompliziert, ob einfach, zu den verschiedensten gebilden führen. diese methode der verwandlung und umkleidung einer grundidee, eines themas, in bestimmte, verschiedenartige und abgeleitete ausdrucksformen wird auf dem gebiet der konkreten kunst von verschiedenen künstlern mehr oder weniger angewandt. die kenntnis dieser methoden ermöglicht es dem beschauer, rückschlüsse zu ziehen auf diejenigen methoden, durch welche andere werke entstanden sind. viele derselben sind wesentlich komplizierter aufgebaut als die «fünfzehn variationen über ein thema» und erscheinen trotzdem einfacher. auch für den eingeweihten ist der konstruktive gedanke oft schwer erkennbar, denn im allgemeinen tritt, im gegensatz zum variationenwerk, im einzelwerk der persönliche kompositionswille in einer bestimmten richtung viel stärker zutage und sind individuelle auslegungen eher möglich und zulässig als innerhalb einer streng aufgebauten variationengruppe.

in den nachstehenden erläuterungen ist all das, was ausserhalb der rein konstruktiven vorgänge liegt, nicht berücksichtigt. es ist bewusst darauf verzichtet worden, ausser den angewandten methoden überlegungen persönlicher art hervortreten zu lassen, welche zur wahl der verschiedenen gebilde führten. zur ergänzung sei noch erwähnt, dass es möglich ist, noch weitere variationen aus dem gleichen thema zu entwickeln, dass die umkehrung und erweiterung des themas, die mischung der verschiedenen variationen, die andere anwendung der farben und viele andere möglichkeiten überhaupt nicht enthalten sind. dies ist hier unterlassen. um möglichst eindeutige gebilde zu erhalten und um alle jene vorgänge auszuschalten, welche dazu führen würden, ausserhalb der rein konstruktiven absicht allzu persönlich kompositionen zu schaffen, deren erläuterung weniger eindeutig sein könnte.

vielleicht wird dieser oder jener betrachter, welcher die vorstehenden erläuterungen gelesen hat, dazu verleitet, in den «fünfzehn variationen über ein thema» pseudo-mathematische oder geometrische spielereien zu vermuten. obschon die geometrie das werkmaterial geliefert hat, welches selbstverständlich für die fixierung jedes exakten räumlichen oder flächigen gebildes unumgänglich ist, sind es weder mathematische noch geometrische absichten, welche zu solchen gebilden führen. was in den «fünfzehn variationen über ein thema» sichtbar wird, ist ein reines spiel von form und farbe, ohne den äusseren zwang, etwas anderes zu sein als dieses, und einzig und allein zum zweck, durch seine existenz zu erfreuen.

max bill, zürich, november 1938

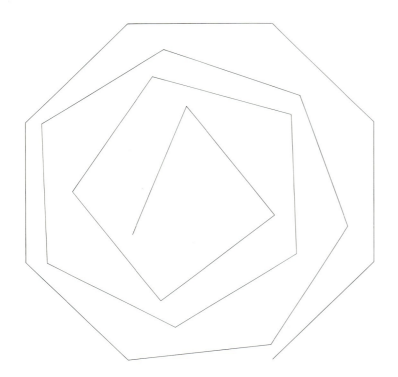

das thema
das thema zeigt eine kontinuierliche entwicklung, welche von einem gleichseitigen drei-eck in ein gleichseitig-gleichwinkliges acht-eck überführt, das heisst, jene seite des drei-ecks, welche die fläche schliessen würde, fällt weg. sie wird durch eine seite des vierecks (quadrat) aufgenommen, wodurch die drei-eck-fläche geöffnet und nur angedeutet bleibt. so sind sämtliche übergänge der viel-ecke zueinander durchgeführt, woraus sich ein spiral-ähnlicher ablauf ergibt, bestehend aus gleichlangen geraden, zwischen denen sich flächen und winkel von verschiedenster form und spannung befinden.

variation 1
sämtliche gleichseitig-gleichwinkligen viel-ecke des themas sind vollständig geschlossen, das heisst, sämtliche begrenzungslinien sind sichtbar. von jedem vieleck bildet eine seite gleichzeitig eine seite des daraus sich entwickelnden nächsten viel-ecks. die flächen selbst sind deutlich erkennbar und durch farben betont, welche den grundformen der viel-ecke entsprechend festgelegt sind und sich in der gleichen reihenfolge durch sämtliche nachfolgenden variationen wiederholen. diese viel-eck-flächen von verschiedener form und farbe entstehen dadurch, dass das grössere viel-eck jeweilen um die fläche des kleineren verringert wird.

variation 2
das thema tritt als kräftige linie hervor. es ist begleitet von feinen, gleichgrossen kreisen, zu denen sämtliche geraden des themas die mittellinie bilden. das spiel dieser gleichen kreise wird unterbrochen durch 6 kräftigere halbkreise, welche die entwicklung vom dreieck zum acht-eck, die beim thema weggelassen wurden und welche die einzelnen viel-ecke schliessen würden, überspringen.

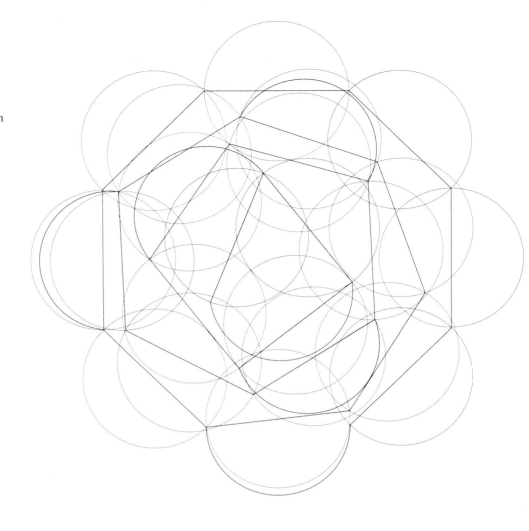

variation 3
die farbigen punkte entsprechen den winkeln des themas. die zwei-farbigen punkte entsprechen den an diesen stellen zusammenkommenden und auseinanderführenden richtungen der viel-eck-seiten. die farben sind gleich geordnet wie in variation 1.

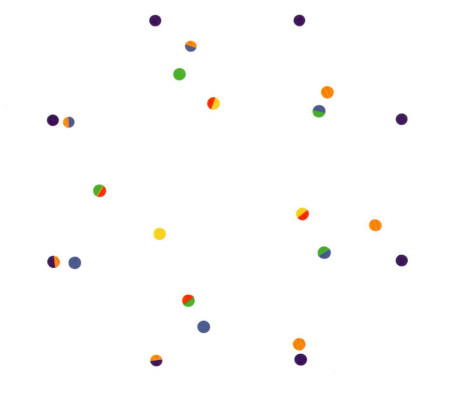

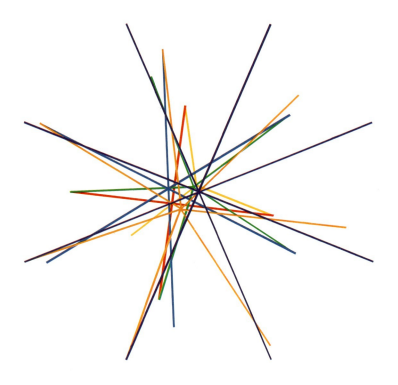

variation 4
die schwerpunkte der viel-ecke sind mit den dazugehörigen eckpunkten verbunden. die dadurch entstehenden farbigen sterne leiten an je zwei punkten von einer form zur andern über, zum beispiel von gelb zu rot, von rot zu grün usw.

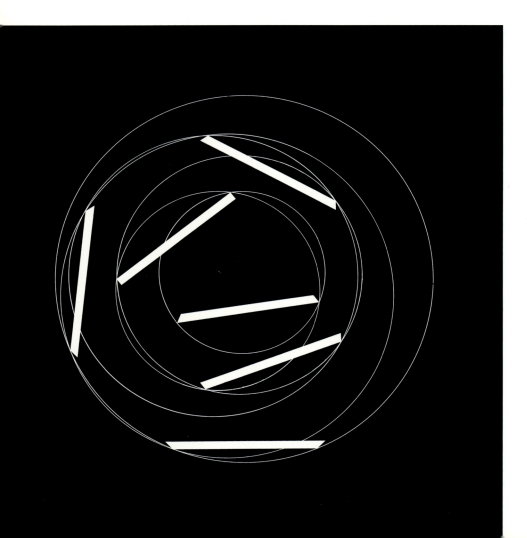

variation 5
die umschriebenen kreise der viel-ecke sind mit den beim thema weggelassenen verbindungslinien der viel-ecke verbunden, diese sind nach innen zu flächen verbreitert, deren schmalseiten entsprechend der entwicklung des themas zueinander überleiten.

variation 6
das thema wird von halbkreisen aufgenommen, deren basis die geraden des themas bilden und welche zueinander in bewegungsopposition stehen. daraus ergibt sich eine fortlaufende bewegung mit wechselnder farbe von gelb bis violett.

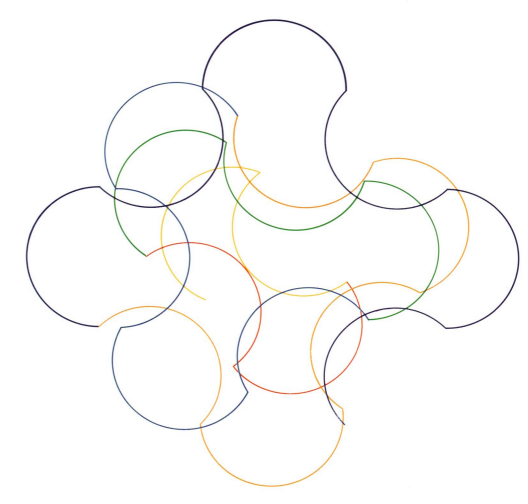

variation 7
die eingeschriebenen kreise der vielecke sind in zwei, sich in entgegengesetzter richtung bewegende spiralähnliche linien zerlegt. die graue linie, welche in opposition zur schwarzen steht, wird von den ecken, der dazugehörigen viel-ecke begleitet und verstärkt. aus diesem zusammenspiel ergeben sich alle eingeschriebenen kreise sämtlicher viel-ecke von drei-eck bis acht-eck.

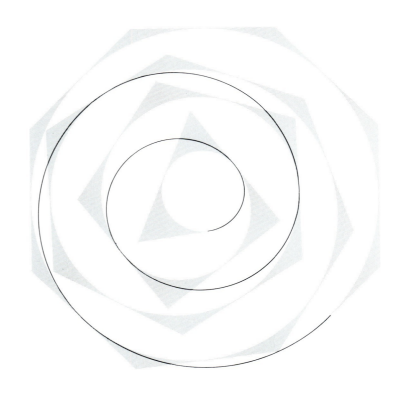

variation 8
die umschriebenen kreise der viel-ecke bilden kreissegmente, welche in den dazugeordneten farben erscheinen. jene gleichlangen kreis-teile, bei welchen die farben übereinander zu liegen kämen, bleiben weiss, die ordnung der farben entspricht variation 1.

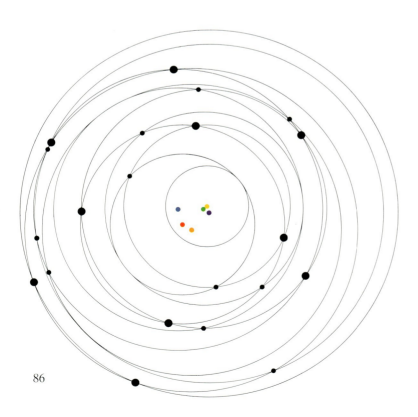

variation 9
die eingeschriebenen und umschriebenen kreise bilden ein netz. als grosse punkte erscheinen diejenigen kreuzpunkte, auf welchen die ecken liegen. die übrigen kreis-schnittpunkte sind mit kleinen punkten markiert, die farben sind auf die mittelpunkte der kreise konzentriert.

variation 10
aus den eingeschriebenen und umschriebenen kreisen entstehen kreisringe. diejenigen teile dieser kreisringe, welche sich nicht überschneiden, sind grau.

variation 11
die schwerpunkte der viel-ecke sind mit den eckpunkten verbunden (wie in variation 4). die an den eckpunkten liegenden spitzen sind schwarz und führen unter ständiger schwarz-weiss-kontrastierung gegen die mitte. bei den mittelpunkten und je einer korrespondierenden fläche stehen die den vielecken entsprechenden farben.

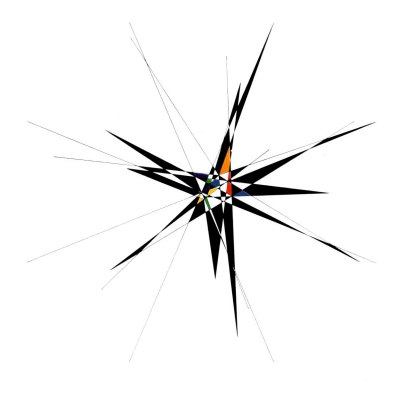

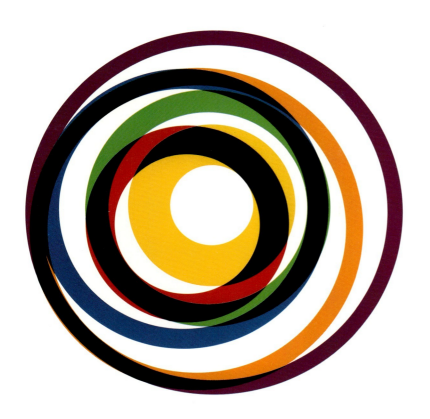

variation 12
die eingeschriebenen und umschriebenen kreise ergeben kreisringe, welche in den dazugeordneten farben erscheinen. jene kreisteile, welche sich überschneiden, sind schwarz.

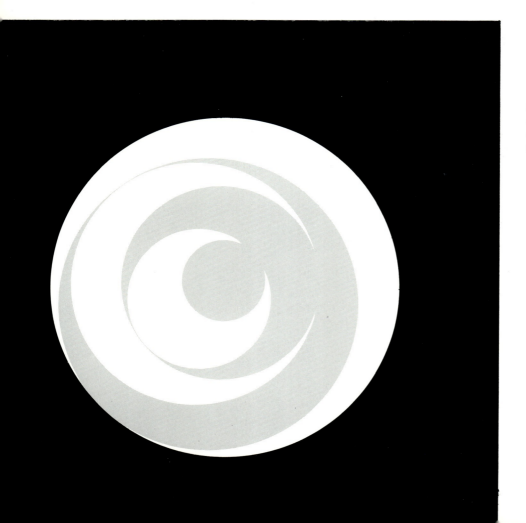

variation 13
die eingeschriebenen kreise der vielecke berühren sich je in einem punkt. die daraus entstehenden flächen sind abwechslungsweise weiss oder grau.

variation 14
die ränder der schon in variation 1 entstandenen flächen sind hier farbig. daraus ergibt sich je nach der lage der farben zueinander eine grosse farb-variabilität. dazu kommen die schwarzen sterne, welche denjenigen in variation 4 entsprechen.

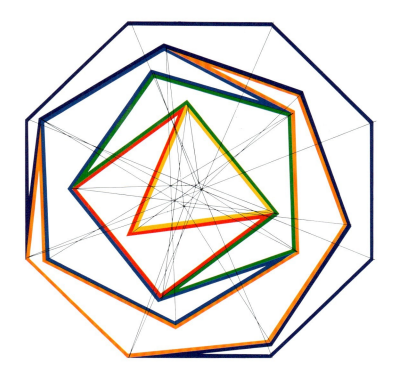

variation 15
aus den eingeschriebenen kreisen entsteht eine spiralähnliche bewegung, welche aus kreisringen zusammengesetzt ist. die dicke dieser bewegung ist aus dem kreisring entwickelt, welcher aus dem eingeschriebenen und umschriebenen kreis des acht-eckes entsteht. die kreis-ring-teile dieses spiralähnlichen ablaufes sind mit ihren mittelpunkten durch linien verbunden.

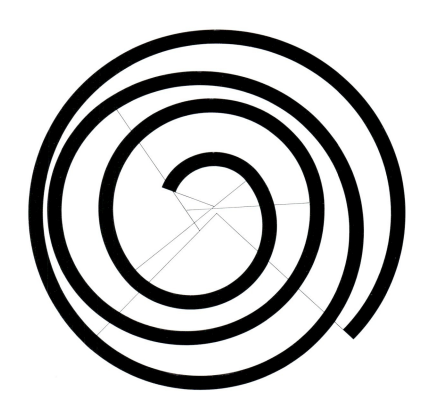

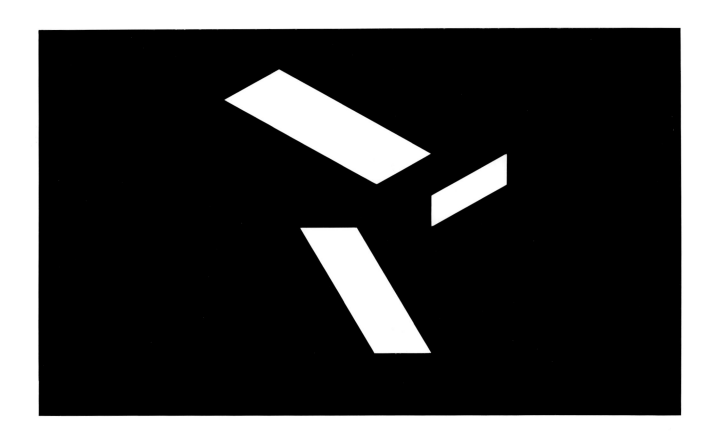

konstruktion in schwarz. 1939
schnitt in karton. 30 × 50 cm

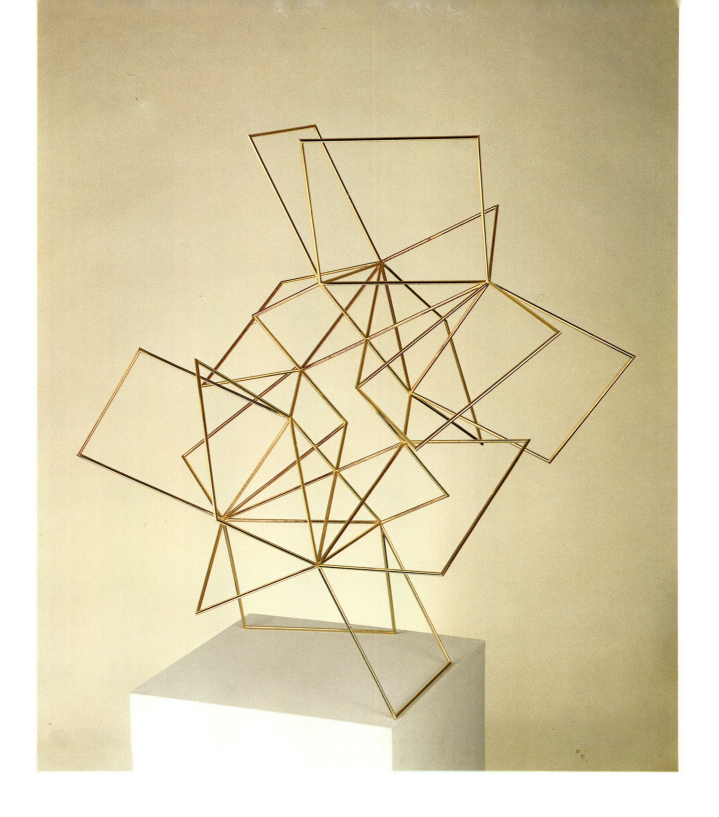

konstruktion aus drei quadratgrößen. 1939–41
messing vergoldet. 90 × 90 × 80 cm

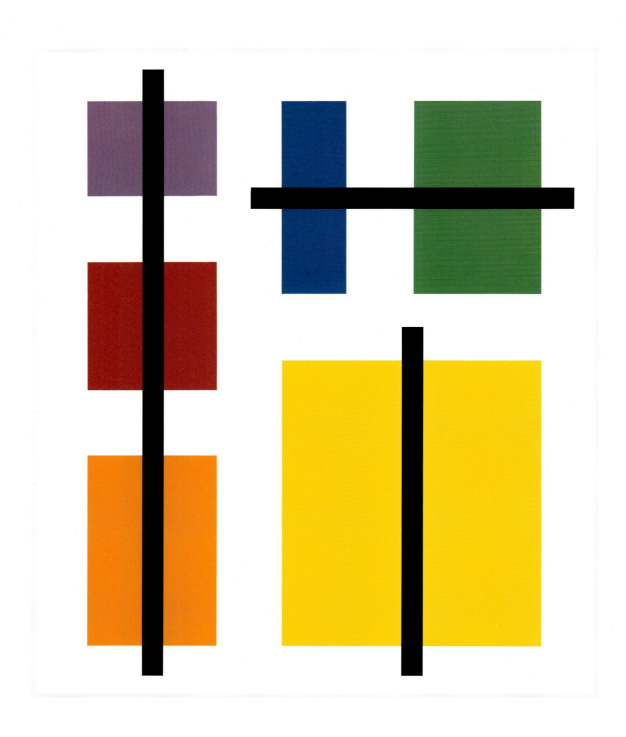

konstruktion mit 10 vierecken. 1940–43
öl auf leinwand. 90 × 75 cm
kunstmuseum bern

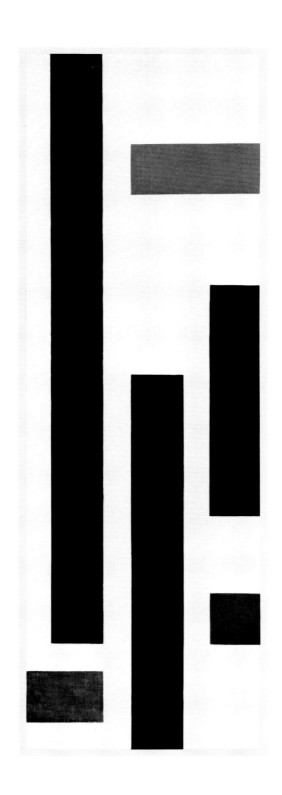

schwarze vertikal-betonung. 1942
öl auf leinwand. 90 × 30 cm

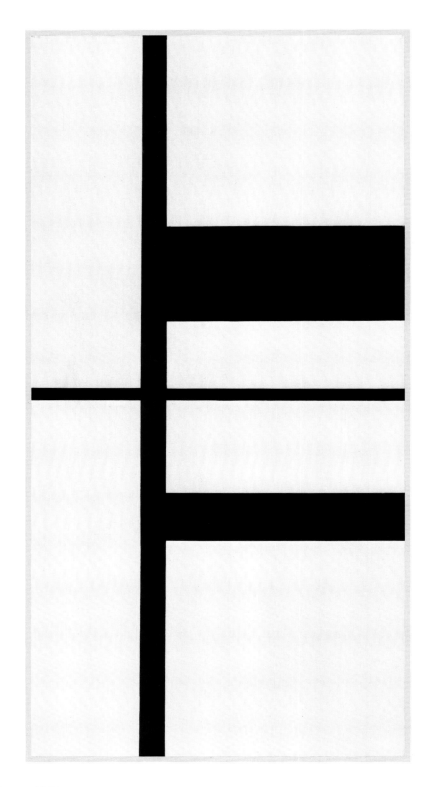

konstruktion mit fünf quadraten. 1942
öl auf leinwand. 80 × 40 cm

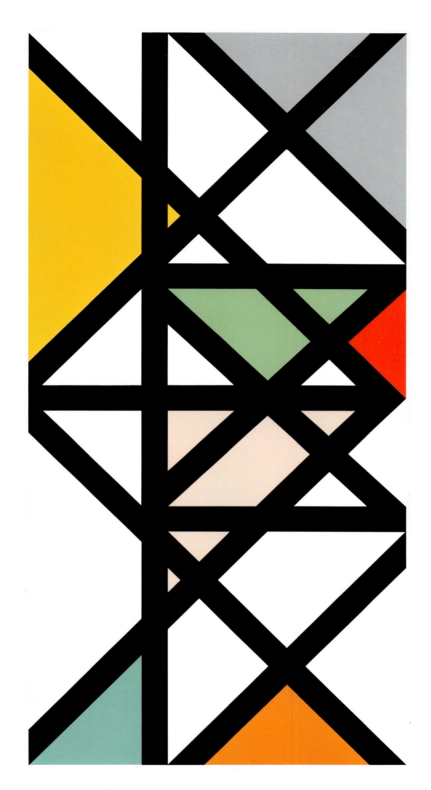

horizontal-vertikal-diagonal-rhythmus. 1942
öl auf leinwand. 160 × 80 cm

konstruktion aus sieben kreisringen. 1942–44
modell für monumentalbrunnen ⌀ 8–12 cm

konstruktion aus einem kreisring. 1942–44
schwarzer schwedischer granit. 40 × 40 × 50 cm
the art institute, chicago

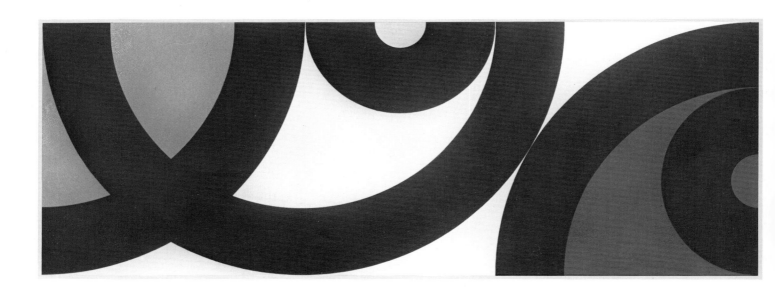

konstruktion aus zwei kreisringen. 1942
öl auf leinwand. 39×105 cm

achtteiliger rhythmus. 1942
öl auf leinwand. 120 × 0 cm

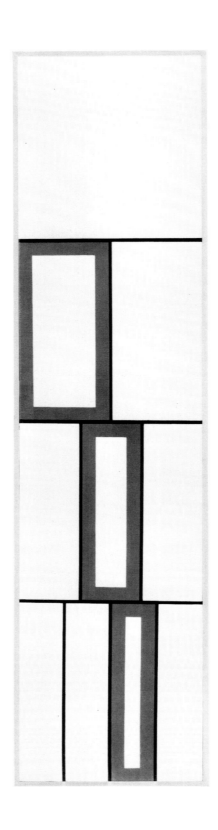

progression in vier quadraten. 1942
öl auf leinwand. 120 × 30 cm
kunstmuseum winterthur

progression in fünf quadraten. 1942–70
öl auf leinwand. 200 × 40 cm

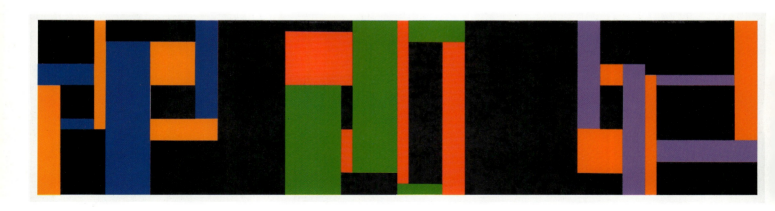

rhythmus in vier quadraten. 1943
öl auf leinwand. 30×120 cm
kunsthaus zürich

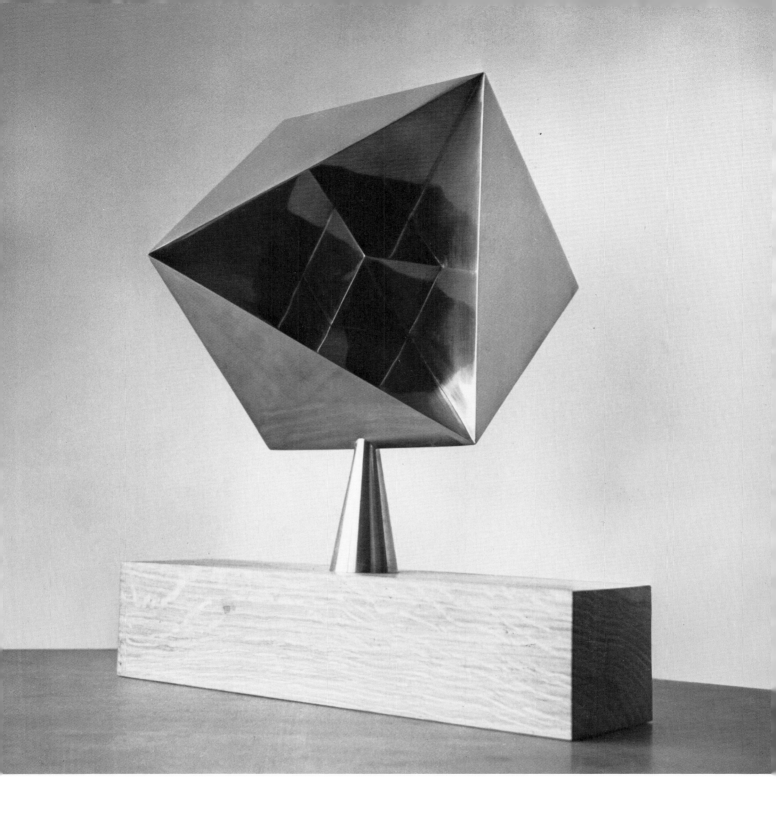

konstruktion mit und im kubus. 1944–45
messing. 39,5 × 20,5 cm
kunstmuseum basel, hans-arp-stiftung

weit weg. 1944–46
öl auf leinwand. 101×71 cm

neun betonungen. 1944–49
öl auf leinwand. 82 × 82 cm

konstruktion aus drei kreisscheiben. 1945–46
messing verchromt. ⌀ 50 cm

akzente aus dem gelben. 1946
öl auf leinwand. 60,5 × 40,5 cm
kunstmuseum basel, emanuel-hoffmann-stiftung

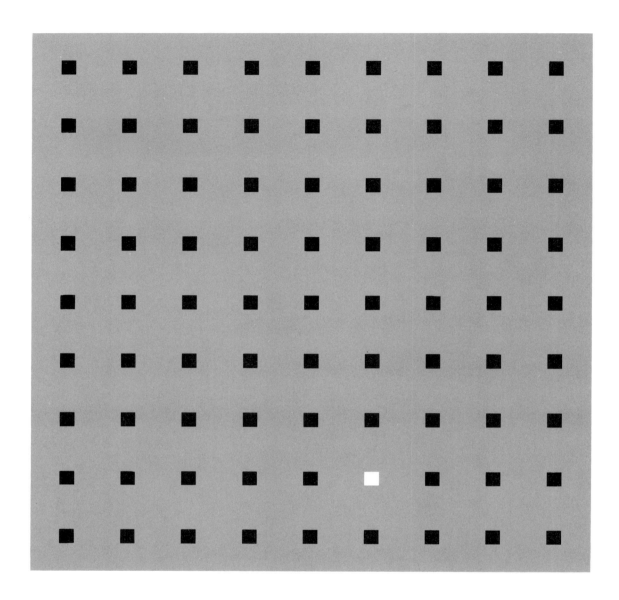

weisses quadrat. 1946
öl auf leinwand. 70×70 cm

rotes quadrat. 1946
öl auf leinwand. diagonal 70 cm

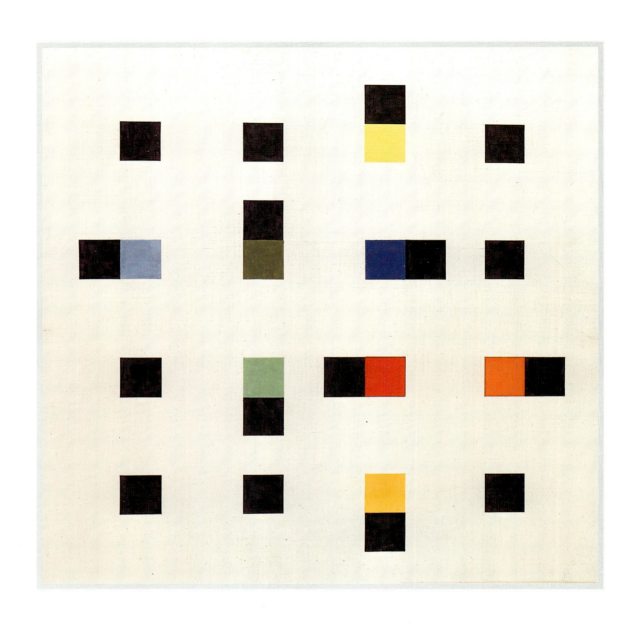

bunte akzente. 1946
öl auf leinwand. 50 × 50 cm

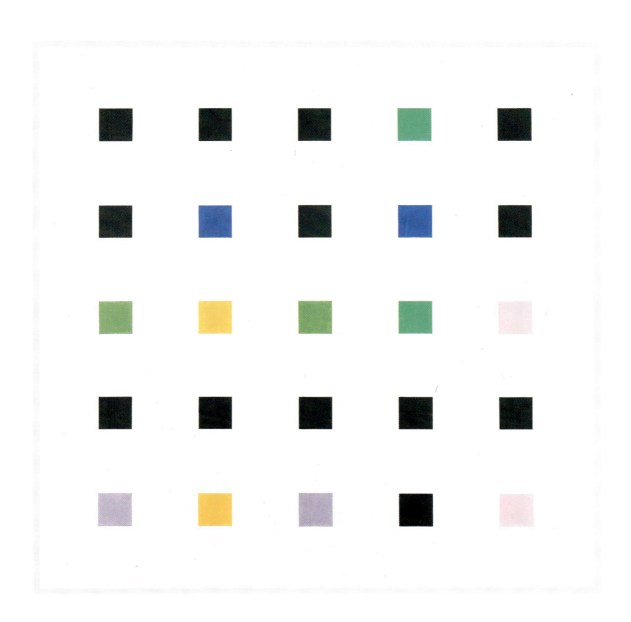

kühles gleichgewicht. 1946
öl auf leinwand. 72 × 72 cm

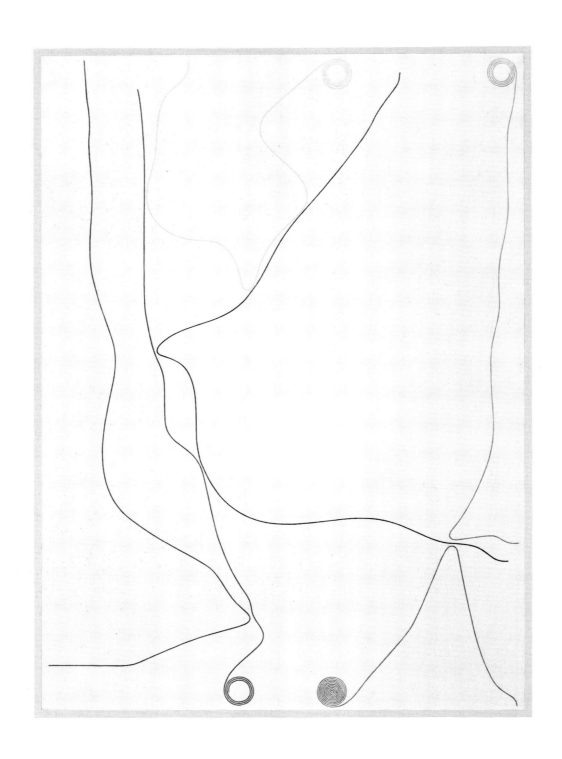

sechs gleichlange linien. 1947
öl auf leinwand. 98×70 cm

unbegrenzt und begrenzt. 1947
öl auf leinwand. 103×110 cm

drei akzentuierende gruppen. 1947
öl auf leinwand. 50 × 50 cm

malerei in form einer säule II. 1947–48
öl auf holz. höhe 200 cm

dieser text wurde zuerst publiziert in der zeitschrift *werk* (no. 3, 1949, winterthur). er erschien in verbesserter version im ausstellungs-katalog *pevsner, vantongerloo, bill* (kunsthaus zürich, 1949) und in der monografie *max bill*, in spanisch, französisch, englisch und deutsch, herausgegeben von tomas maldonado (buenos aires, 1955). dieser text wurde seither in verschiedenen ländern und sprachen veröffentlicht.
zur korrektur ist der text «feststellungen» 1974–76 zu beachten.

rhythmus im raum. 1947–48
roter granit. 225 × 75 × 250 cm
modern art museum teheran

die mathematische denkweise in der kunst unserer zeit

unter mathematischer denkweise in der kunst soll hier nicht das verstanden werden, was man landläufig vielleicht als «errechnete kunst» bezeichnen könnte. jede bisherige kunstäusserung hatte mehr oder weniger rechnerische grundlagen, geometrische einteilungen und gliederungen. auch die kunst des XX. jahrhunderts kennt eine menge ausdrucksarten, die sich «regulierender» methoden bedienen; diese gehören, gleich den persönlich-gefühlsmässigen massstäben, zum täglichen rüstzeug jeder vernünftigen gestaltung. rückblickend stellen wir fest, dass sich die methoden wesentlich vergröbert haben seit jener zeit, in der die mathematik noch grundlage jeden künstlerischen ausdrucks war, als geheime verbindung von kosmos und kult. die methoden erfuhren keine erweiterung mehr seit dem alten ägypten, ausgenommen in der renaissance durch die perspektive, jenem system, das vermittels reiner rechnung und konstruktion die gegenstände sozusagen «naturgetreu» im vorgetäuschten raum nachbilden kann. die perspektive brachte ganz wesentliche neuerungen in das bewusstsein der menschen, aber diese art der erweiterung der gestaltungsmethoden hatte im gefolge, dass sich das ur-bild zum ab-bild wandelte und dass damit der endgültige verfall einer tektonischen und symbolischen kunst eintrat.

der impressionismus und in stärkerem mass der kubismus führten die malerei und plastik wieder näher an ihre urelemente heran; die malerei im sinne farbiger gestaltung auf der fläche, die plastik als gestaltung des räumlichen. den entscheidenden anstoss zu einer völlig neuen auffassung gab wahrscheinlich kandinsky durch sein buch «über das geistige in der kunst» (geschrieben 1910, erschienen 1912). darin hat er schon 1912 einen weg angedeutet, der, konsequent verfolgt, hätte dazu führen müssen, anstelle der fantasie eine mathematische denkweise zu setzen. kandinsky hat diesen schritt selbst nicht getan, sondern für sich selbst auf andere weise eine befreiung der malerischen ausdrucksmittel gefunden.

wenn wir untersuchen, was der «gegenstand» eines bildes von klee oder einer plastik von brancusi ist, so stossen wir auf elemente aus der realen umwelt, in neuartiger und

gleichzeitig ursprünglicher weise geformt. bei kandinsky können wir begebenheiten und gegenstände wahrnehmen, die, obwohl sie uns im täglichen leben nirgends begegnen, vielleicht in einer uns unbekannten welt gültigkeit hätten, auch wenn wir nicht in der lage wären, den gebrauchszweck zu definieren. schliesslich hat mondrian den weitesten schritt gewagt, weg von dem, was vorher als kunst verstanden wurde. seine rhythmen, die noch zu assoziationen zu tektonisch-baulichem gestalten verleiten könnten, sind ohne solche absichten entstanden. nicht umsonst heissen seine letzten bilder, etwas verwirrend, «broadwy boogie-woogie» und «victory boogie-woogie», in analogie zu den rhythmen des jazz. der horizontal-vertikale aufbau seiner werke ist rein gefühlsmässig geordnet, trotz aller strenge der angewandten ausdrucksmittel. würde man annehmen, mondrian hätte die letzten möglichkeiten der malerei, das ende einer entwicklung erreicht, insofern, als er möglichst viele ausserkünstlerische elemente ausgeschaltet hat, so könnten noch zwei wege offen bleiben für eine weiterentwicklung der kunst: die rückkehr zum altbekannten oder das weitergehen zu einer neuen thematik.

ich möchte mich hier auch über ein zurückgehen zu einer alten thematik äussern, um klarzulegen, weshalb dieser weg wohl kaum gangbar ist. wir stellen fest, dass auf dem weiten gebiet des malerischen und plastischen ausdrucks unzählige richtungen und abweichungen nebeneinander bestehen, sie alle entspringen mehr oder weniger unserer zeit. je nachdem, was als für die heutige zeit charakteristisch erscheint, wechseln auch malerei und plastik ihr gesicht. der kirchliche mensch hat eine andere auffassung von dem, was kunst sei, als der wissenschaftler; der bauer lebt unter andern bedingungen als der industriearbeiter. die kultur- und zivilisations-niveaus sind verschieden. dasselbe gilt auch für die künstler. ihre werke repräsentieren verschiedenes denken und empfinden. schliesslich soll jene lehre nicht vergessen werden, die fordert, dass soziale und staatspolitische fragen vermittels der «kunst», wenn auch nicht gelöst, so doch propagiert und heroisiert werden sollen. wir stehen solcher «staatskunst», komme sie, von wo sie wolle, aus guten gründen skeptisch gegenüber; es ist damit im wesentlichen nicht kunst gemeint, sondern propaganda, eine vielgeübte und

unendliche schleife aus einem kreisring II. 1947–48
messing vergoldet. 54 × 13 × 39 cm

vielgepriesene form heutiger malerei, die gegen jeden geistigen fortschritt ins feld geführt wird. nach diesem exkurs ins «mögliche» (wenn man zurückkehren wollte vor das jahr 1910) bliebe noch zu erläutern, weshalb es auch nicht besonders reizvoll sein kann, innerhalb der 50 jahre seit 1910 stehenzubleiben, etwa so, dass z. b. bilder entstehen würden «à la klee», «à la kandinsky», «à la mondrian», «à la vantongerloo» oder, was noch öfter vorkommt, «à la matisse», «à la picasso». ein grosser teil der zeitgenössischen produktion erschöpft sich darin, etwas «à la» abzuwandeln, wobei dieses «á la» schon zum ersatz für das echte geworden ist und sein inhalt eine variante der einst originalen leistung. ein solcher zustand ist künstlerisch untragbar. auf keinem gebiet menschlicher tätigkeit kann man es sich gestatten, in der entwicklung stillzustehen.

worin bestehen nun die möglichkeiten einer entwicklung? die wesentlichsten gestaltungsmöglichkeiten, die heute in malerei und plastik zur verfügung stehen, scheinen bekannt zu sein. man darf mit einiger sicherheit feststellen, dass – einige wenige möglichkeiten, die heute schon in der luft liegen, ausgenommen – die reinen gestaltungsmittel weitgehend freigelegt sind und von wenigen pionieren in ihren werken schon angedeutet wurden. die form- und materialfragen scheinen also geklärt zu sein. die frage bleibt offen, ob auch der inhalt unverändert geblieben sei und wieweit die elemente der gestaltung allgemeine gültigkeit beanspruchen dürfen oder ob sie lediglich spontane eingebungen sind, spezielle fälle. bei gründlicher überlegung gelangen wir zur einsicht, dass es sich bisher meist um spezialfälle handelte und dass der grosse teil jener kunstwerke, die als mathematischen einflüssen verpflichtet empfunden wurden, nicht dem entsprechen, was ich nachstehend als neues zu erläutern versuchen möchte.

ich bin der auffassung, es sei möglich, eine kunst weitgehend aufgrund einer mathematischen denkweise zu entwikkeln. gegen eine solche auffassung erheben sich sofort scharfe einwände. es wird nämlich behauptet, dass kunst mit mathematik nichts zu tun habe, mathematik sei eine «trockene», unkünstlerische angelegenheit, eine angelegenheit des denkens, und dieses sei der kunst abhold. für die kunst sei einzig das gefühl von wichtigkeit, und das denken

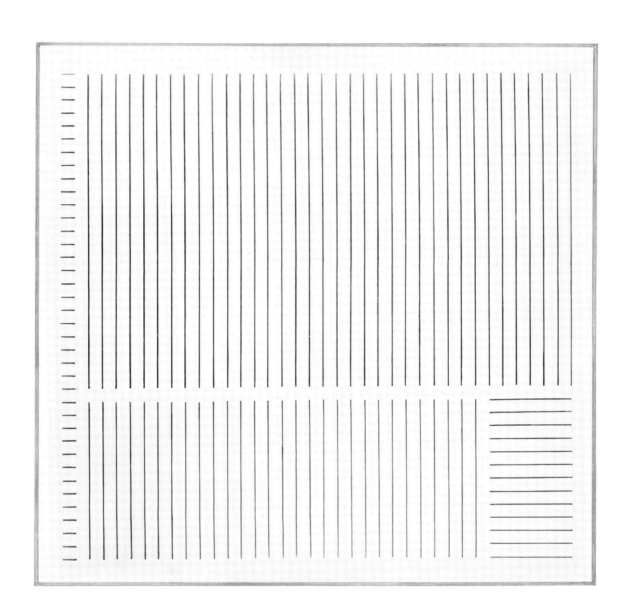

ruhig. 1948
öl auf leinwand. 32 × 32 cm

sei schädlich. weder die eine noch die andere auffassung stimmt, denn kunst braucht gefühl und denken. als altes beispiel kann man immer wieder johann sebastian bach anführen, der doch gerade die materie «klang» mit mathematischen mitteln zu vollkommenen gebilden geformt hat und in dessen bibliothek sich tatsächlich neben den theologischen auch die mathematischen schriften befanden; zu einer zeit also, wo mathematik noch nicht und nicht mehr dafür in anspruch genommen wurde, im gestaltungsprozess formend mitzuwirken. es darf in diesem zusammenhang auch auf die rolle von paul klee hingewiesen werden, dessen «bildnerisches denken» einer bildnerischen logik entspringt, die alle elemente einer lehre aufweist, in der die gesetzmässigkeiten der fläche mit imagination gehandhabt werden.

es ist nötig, immer wieder zu betonen, dass eines der wesentlichen merkmale des menschen das denken ist. das denken ermöglicht es auch, gefühlswerte in einer weise zu ordnen, dass daraus kunstwerke entstehen. das ur-element jeden bild-werks aber ist die geo-metrie, die beziehung der lagen auf der fläche oder im raum. und so, wie die mathematik eines der wesentlichen mittel zu primärem denken und damit zum erkennen der umwelt ist, so ist sie auch in ihren grundelementen eine wissenschaft der verhältnisse, des verhaltens von ding zu ding, von gruppe zu gruppe, von bewegung zu bewegung. und weil sie diese grundlegenden dinge in sich schliesst und sie sinnvoll in beziehung setzt, ist es naheliegend, dass solche ereignisse auch dargestellt werden, bild werden. nun sind solche mathematische darstellungen von alters her bekannt. es geht von ihnen eine unbestreitbare ästhetische wirkung aus; so auch von mathematischen raummodellen. diese grenzfälle, wo mathematik sich plastisch manifestiert oder als farbe und form auf der fläche erscheint, bedeuteten bei der suche nach neuen künstlerischen ausdrucksmöglichkeiten vorerst etwa dasselbe wie die entdeckung der negerplastiken durch die kubisten. aber sowenig die negerplastiken in ihrer kultischen eigenart in die europäische kunst übernommen werden konnten, sowenig ist es möglich, die mathematischen modelle in die kunst zu übernehmen, und ihre entdeckung durch die künstler führte vorerst lediglich zu einem konstruktivismus, zusammen mit technischen konstruktionen, flugbildern und ähnlichen

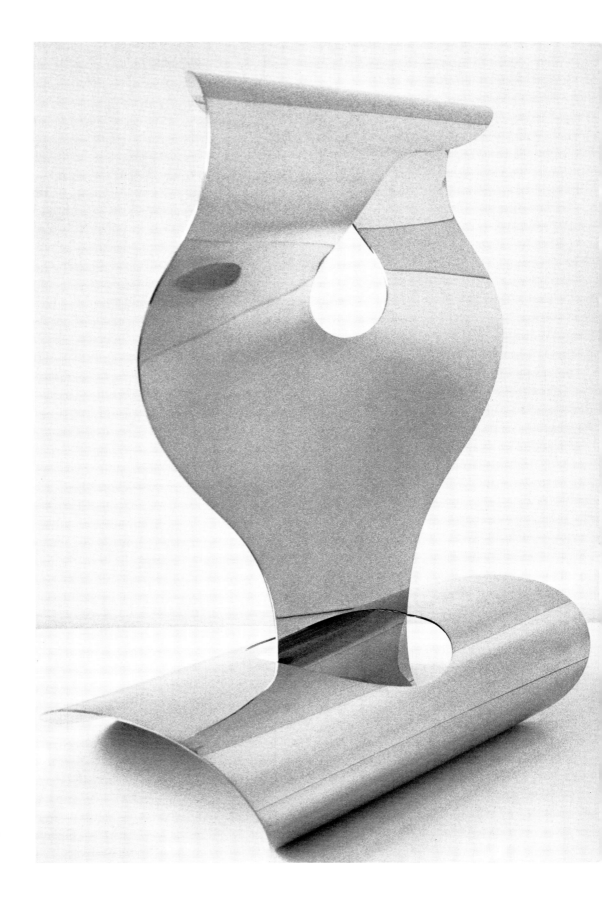

fläche im raum. 1948–71
messing vergoldet.
60 × 38 × 66 cm

anregungen, die benützt wurden, um einen ausdruck zu suchen, der technizistischen empfindungen zu beginn unseres zeitalters ausdruck geben sollte. gleichzeitig ist die mathematik auf einem punkt angelangt, wo vieles unanschaulich wurde; grenzgebiete sind undeutlich, nicht erkennbar, viele folgerungen können nicht mehr bewiesen werden. das menschliche denken bedarf einer stütze im visuellen. diese stütze findet sich oft in der kunst, auch für mathematisches denken. in seinem streben nach einheit vermittelt der künstler in seiner vision eine synthese, auch dann, wenn diese vorerst eine künstlerische notwendigkeit ist und die nicht unbedingt von mathematischer richtigkeit sein muss. auf diese weise verschiebt sich auch hier eine grenze, sie wird unscharf, wo man einst eine klare trennlinie glaubte. unsichtbares, abstraktes denken wird konkret, anschaulich und damit auch empfindungsmässig wahrnehmbar. unbekannte räume, fast unvorstellbare axiome bekommen gestalt; man denkt in räumen, die man sich vorher nicht vorstellen konnte, und erweitert durch diese gewöhnung sein empfinden für weitere räume, die vielleicht heute noch unbekannt sind.

die mathematische denkweise in der heutigen kunst ist nicht die mathematik selbst, ja sie bedient sich vielleicht kaum dessen, was man unter exakter mathematik versteht. sie ist vielmehr eine anwendung logischer denkvorgänge zur gestaltung von rhythmen und beziehungen, von gesetzen, die individuellen ursprung haben, genau so, wie anderseits auch die mathematik ihren ursprung hat im individuellen denken der bahnbrechenden mathematiker. wie die euklidsche geometrie für den heutigen wissenschaftler nur noch bedingt gültigkeit besitzt, so gilt sie auch für die kunst nur noch beschränkt. genau so, wie der begriff der endlichen unendlichkeit für mathematisches und physikalisches denken notwendiges hilfsmittel ist, so ist er notwendiges mittel künstlerischen gestaltens geworden. und in diesem sinne werden vermittels der kunst heute neue symbole geschaffen, die wohl ihren empfindungsmässigen grund schon in der antike haben, aber die, wie kaum eine andere ausdrucksmöglichkeit des menschen, die gefühlswelt unserer zeit erfüllen können.

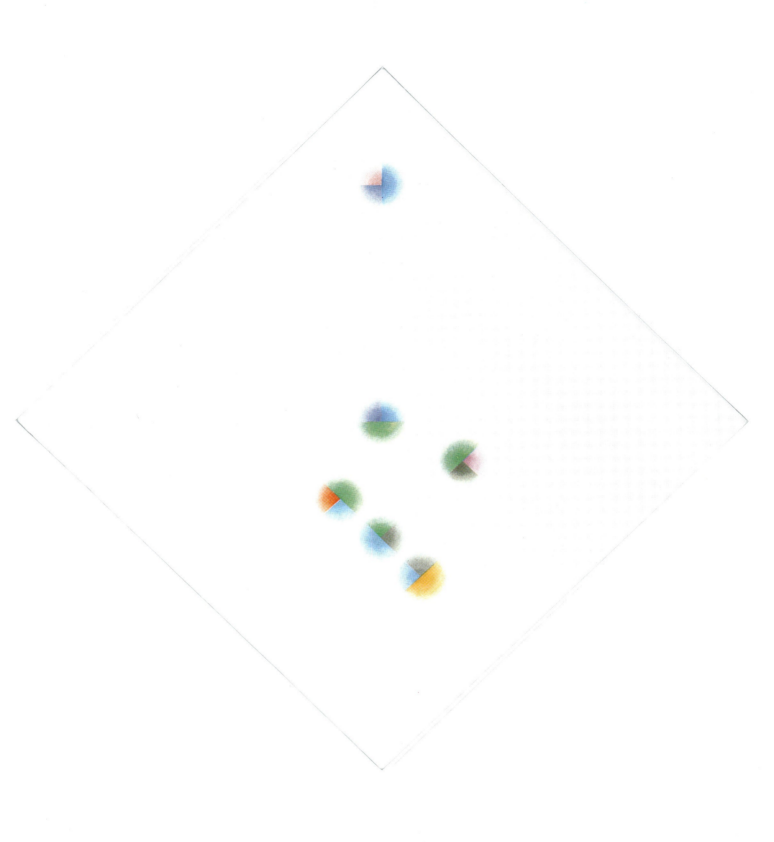

sechs energiezentren. 1949–51
öl auf leinwand. diagonal 119 cm

das geheimnisvolle der mathematischen problematik, das unerklärbare des raumes, die ferne oder nähe der unendlichkeit; ein raum, der auf der einen seite beginnt und auf der andern seite, die gleichzeitig dieselbe ist, in veränderter form endet; die begrenzung ohne feste grenze, die vielfalt, die dennoch eine einheit bildet; die gleichförmigkeit, die durch die anwesenheit eines einzigen kräfteakzentes verändert wird; die vibrationen und überstrahlungen nebeneinanderliegender farbpartikel; das kraftfeld, das aus lauter variablen besteht; die parallelen, die sich schneiden und die unendlichkeit, die in sich selbst zurückkehrt als gegenwart; und daneben wieder das quadrat in seiner ganzen festigkeit; die gerade, die von keiner relativität getrübt wird, und die kurve, die in jedem ihrer punkte eine gerade bildet – alle diese dinge, die scheinbar mit den täglichen bedürfnissen der menschen nichs zu tun haben, sind dennoch von grösster tragweite, im moment, wo sie zu kunst werden. diese kräfte, mit denen wir umgehen, sind die grundkräfte, die jeder menschlichen ordnung zugrunde liegen, die in jeder von uns erkennbaren ordnung enthalten sind.

die folge davon ist, dass alle diese dinge der heutigen kunst einen neuen inhalt geben; denn sie sind nicht formalismus, für den man sie oft fälschlicherweise anspricht; sie sind nicht nur form als schönheit, sondern form gewordener gedanke, idee, erkenntnis: also nicht auf der oberfläche vorhandene substanz, sondern strukuren des weltgefüges, des verhaltens, entsprechend dem bild, das wir uns heute von der welt vorstellen können, aber nicht abbild, sondern neues system; vermittlung elementarer kräfte auf sinnlich wahrnehmbare weise.

man könnte vielleicht sagen, damit sei die kunst zu einem zweig der philosophie geworden, zu einem teil der darstellung der existenz. doch glaube ich eher, dass die philosophie, als eine spezielle form des denkens, des textes bedarf, um sich verständlich zu machen. das denken selbst schien bisher noch nicht direkt in empfindung übersetzbar ohne das wort, es wäre denn eben vermittels eines visuellen kunstwerkes. die kunst kann das denken vermitteln in einer weise, dass der gedanke direkt wahrnehmbare information ist. es kann ein gedanke bildnerisch präzisiert werden, um direkt übertragen zu werden mit allen möglichkeiten des

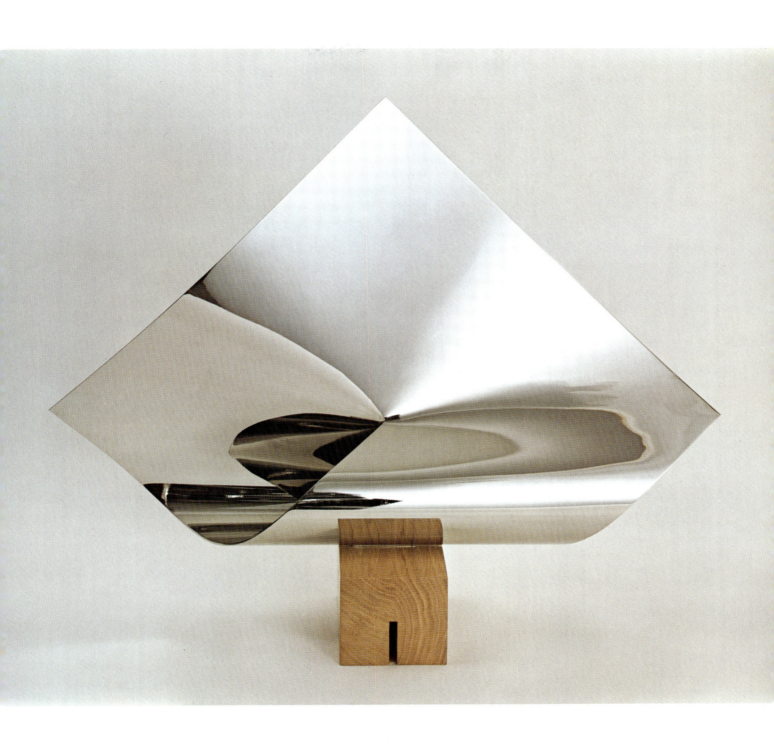

viereckfläche im raum mit gleichen seitenlängen. 1952
messing verchromt. 86 × 12 × 35 cm
sammlung ernst beyeler, basel

missverständnisses – das auch sonst nicht ausgeschlossen ist –, aber mit dem vorteil der unveränderbarkeit des gedankens.

je exakter der gedankengang sich fügt, je einheitlicher die grundidee ist, desto näher findet sich der gedanke im einklang mit der methode des mathematischen denkens; desto näher kommen wir einer gültigen struktur und desto universeller wird die kunst sein. universeller darin, dass sie ohne umschweife direkt sich selbst ausdrückt: dass sie direkt, ohne umschweife, empfunden werden kann.

man wird dem entgegenhalten, das sei keine kunst mehr. mit dem gleichen recht könnte man behaupten, eben erst das sei kunst. es stünde behauptung gegen behauptung. auf ein anderes gebiet übertragen, würde diese behauptung bedeuten: nur die euklidsche geometrie ist geometrie und die – neuere – von lobaschewsky und riemann nicht...

solche neue kunst verdankt ihr entstehen einer vision, die sich in einem gebiet bewegt, das dem denken zugänglich ist – das sowohl ein gewisses mass von sicherheit bietet wie gleichermassen ein mass von unbekanntem, unbestimmbarem; die sich also auf einem grenzgebiet bewegt, das es ermöglicht, neue blickfelder zu öffnen und sinnlich wahrnehmbar zu machen. der unterschied zwischen der herkömmlichen kunstauffassung und der hier vertretenen mag etwa derselbe sein wie jener zwischen den gesetzen von archimedes und der heutigen astrophysik. archimedes ist noch immer in vielen fällen massgebend, aber nicht mehr in allen. phidias, raffael, seurat haben kunstwerke ihrer zeit gestaltet, mit den mitteln ihrer zeit. aber die blickfelder haben sich seither erweitert; die kunst hat gebiete erfasst, die ihr früher verschlossen waren. eines dieser gebiete bedient sich einer mathematischen denkweise, die trotz ihrer rationalen elemente viele weltanschauliche komponenten enthält, die über die grenzen des abklärbaren hinausführen.

fläche von einer linie begrenzt. 1952
messing vergoldet. 68 × 18 × 34 cm

dieser text von max bill war die beschreibung zum wettbewerbs-projekt *denkmal des unbekannten politischen gefangenen,* eingereicht an das institut of contemporary art, london 1952. es wurde im internationalen wettbewerb mit einem dritten preis ausgezeichnet.

ein denkmal

das thema

war gegeben. die erste frage, die sich mir stellte, war: ist das thema wirklich richtig formuliert? was haben die veranstalter mit diesem thema gewollt? was ist ein unbekannter politischer gefangener? meine antwort war: der unbekannte politische gefangene kann unter jeder regierungsform ein anderer sein. er wird nie der bekannte führer einer oppositionellen gruppe sein, sondern ein unbekannter mensch, der in einer politischen strömung mitgeht, ohne sie selbst geschaffen zu haben. er wird dann zum gefangenen, wenn die staatsautorität mit hilfe ihrer machtmittel die opposition unterdrücken will. die staatsautorität kann verschieden sein: faschistisch, kommunistisch, royalistisch, demokratisch. sie wehrt sich gegen ihre gegner in manchen fällen durch gefangennahme, dies besonders in zeiten eines ausnahmezustandes.

sollte wirklich ein denkmal geschaffen werden für diesen anonymen politischen mitläufer irgendeiner oppositionellen richtung?

war es wirklich die tragödie dieses anonymen einzelschicksals, diese – in allen fällen – unmenschliche haltung gegenüber dem politischen gegner, der ein denkmal gesetzt werden sollte; also ein denkmal für das passive erleiden eines urteils, als folge einer vielleicht oft fragwürdigen politischen haltung?

diese frage habe ich verneint. ich kam zur überzeugung, dass die veranstalter nicht diesem anonymen leiden eine erinnerungsstätte schaffen wollten, besonders da es sich ganz offensichtlich um das leiden politischer gegner von diktaturregimen handeln sollte.

es musste also meiner überzeugung nach ein anderes thema sein, das gemeint, aber unklar ausgedrückt war. ich definierte dieses thema als «aufrechte haltung und treue zur erkenntnis, mit der freien wahl für den eingeschlagenen weg in eigener verantwortung».

eine solche haltung kann das einzelne individuum in gegensatz bringen zur gesellschaftlichen ordnung, wenn diese ordnung die freie meinungsbildung und politische tätigkeit des einzelnen individuums einschränkt. diesem un-

bekannten, aufrechten menschen, der innerlich frei und verantwortungsbewusst ist und handelt, sollte das denkmal gelten, und dafür soll es ein symbol werden.

aus dieser überlegung ergab sich eine lösung, bei der idee und form vollständig identisch wurden und bei der ich selbst jede einzelheit als notwendig und überlegt nachweisen kann.

das denkmal besteht aus einer nach aussen geschlossen wirkenden gruppierung von 3 kuben, in deren mitte eine dreikantige stahlsäule steht.

die gestaltungselemente

die kuben
sind aussen dunkel, aus granit, und ihr eindruck ist äusser-

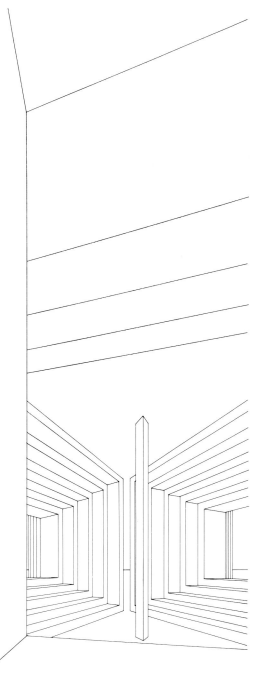

lich finster, innen sind die kuben aus weissem marmor. das bedeutet, dass das innere des raumes, der durch die kuben gebildet wird, heller ist als der äussere eindruck: der raum, die eigentliche plastik, liegt nicht aussen, sondern innen. dieser raum entsteht aus der inneren abtreppung der kuben. die kuben sind so geformt, dass sie in jeder lage, auf den 4 geschlossenen seiten ruhend, gleich sind. es entsteht dadurch im kubus nicht eine treppe im herkömmlichen sinn, sondern ein plastischer hohlraum, der gleichzeitig als treppe benützbar ist.

die anordnung im raum
die repetition dieses hohlraumes, vom kubus umschlossen, ergibt nun eine raumentwicklung, indem der freie aussenraum vorerst eingeengt und dann zum inneren «dreiecksraum» erweitert wird. dieser dreiecksraum öffnet sich nicht nur in drei richtungen, sondern auch nach oben und zwischen den kuben. im zentrum des dreiecksraumes steht eine dreikantige säule.

die säule
die dreikantige säule hat die gleiche höhe wie die kuben. sie steht mit je einer kante gegen einen eingang. die breite der säule entspricht der öffnung, die zwischen je 2 kuben liegt. sie ist gleich hoch wie die kuben. die säule ist aus hochglänzend poliertem chromnickelstahl ausgeführt und wirkt als exakter spiegel.

die situation
es war kein platz für das aufstellen des denkmals vorgeschrieben. meiner ansicht nach gehört es in einen öffentlichen park, zwischen bäume auf dem rasen, durch kleinere wege verbunden mit grossen wegen.

die symbole

die säule
steht als symbol für die scharfe, unbedingte und unabhängige haltung eines verantwortungsbewussten menschen, der seiner überzeugung treu bleibt und unbeugsam für seine auffassung kämpft. deshalb ist die säule nicht nur scharfkantig, sondern auch spiegelnd rein.

die kuben
sind das symbol dafür, dass eine nach aussen düstere situation im innern klar und hell sein kann.
die anordnung
ist das symbol für die freiheit der entscheidung, wenn man den raum betritt, hat man die freie wahl, nach links, rechts oder zurück zu gehen. man hat aber nicht nur die freie entscheidung, sondern man *muss* sich entscheiden, welchen weg man einschlagen will.

der weg
man nähert sich von aussen den kuben. bänke aus granit verbinden denkmal und umgebung. wenn man das denkmal betritt, muss man die stufen hinaufsteigen. in der mitte des kubus befindet man sich in einer einengung, die etwa einer doppelten breiten türe entspricht. dann steigt man die treppe hinunter in den inneren, allseits offenen raum und befindet sich einer scharfen kante der säule gegenüber. wenn man an der säule vorbeigeht, sieht man im spiegel sich selbst. dies soll mahnen: «warum sehe ich mich hier in dieser säule, was bedeutet das?» die säule soll mahnen: »wie ist deine haltung?» später überlegt man sich: «welchen weg schlage ich ein, um wieder hinauszukommen aus diesem raum?» die aktion des besuchers ist also: hinaufsteigen – hinuntersteigen – seinem spiegelbild begegnen – sich besinnen – sich für einen weg entscheiden – hinaufsteigen und hinunter in die freie umgebung hinaustreten.

im zusammenhang mit meinem denkmalsentwurf sind die verschiedensten einwände laut geworden, die meines erachtens alle aus missverständnissen über die funktion der kunst herrühren. diese lassen sich durch folgende begriffsgruppen umschreiben, und ich versuche die antworten zu geben:

plastik – architektur
es wurden stimmen laut, die sagten, mein projekt sei architektur, nicht plastik.

sowohl architektur wie plastik haben das eine gemeinsam, dass sie den raum gestalten. im vorliegenden fall handelt es sich um ein grenzergebnis, bei dem die entwicklung des raumes – im plastischen sinn – mit hilfe architektonischer mittel erreicht wird. im gegensatz zur herkömmlichen plastik, die meist ein gebilde darstellt, das in den aussenraum hineingestellt ist (das gilt auch von der «modernen plastik»), ist hier bewusst vor allem ein innerer raum als plastik gestaltet, indem der innenraum sich in den aussenraum überführt. in diesem sinn ist dieses denkmal ein beispiel für die auflösung der begriffe plastik und architektur. die «malerei», die hier durch die verschiedene farbigkeit des materials enthalten ist. so entsteht eine synthese von plastik–architektur–malerei in einem gesamtwerk.

material – modernität
es gibt einwände, die besagen, dass das von mir vorgeschlagene material «unmodern» sei. die von mir angewandten mittel seien – im gegensatz zu den ebenfalls prämiierten «konstruktivistischen» projekten – archaisch. ich habe mir diese frage sehr eingehend überlegt. meine überlegung ist folgende: wenn man eine idee für wert hält, um dafür ein denkmal zu bauen, dann soll dieses dauerhaft sein. das verwendete material und die konstruktionsart müssen allen witterungseinflüssen standhalten. eine konstruktion in der art des eiffelturms oder irgendwelche ähnliche konstruktion unter verwendung von sogenannten modernen materialien kommt deshalb nicht in frage. aus diesem grund sind die aussenflächen meines denkmals aus granit und das innere aus weissem marmor, zwei materialien, die der zeit stand halten. die chromnickelstahlsäule bleibt auf lange zeit unverändert.

monumentalität – massstab
gewisse einwendungen wurden laut, mein denkmal sei zu klein und nicht monumental genug.
was ist der richtige massstab für ein denkmal? und was ist wirkliche monumentalität? der massstab eines denkmals ist sein verhältnis zum menschen. speziell dieses denkmal richtet sich an jeden einzelnen menschen als individuum. sein ausmass soll deshalb dem menschen entsprechen. dieses mass entsteht nun dadurch, dass die treppung im innern der kuben dem menschen entspricht und dass der durchgang im kubus 2 × 2 meter gross ist, gleich wie eine doppelt breite türe. dadurch befindet sich der besucher in einem ganz be-

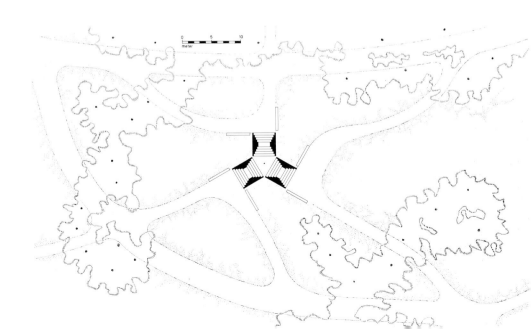

135

stimmten und ihm bekannten verhältnis zum raum, der das ausmass des gesamten denkmals bestimmt.

die monumentalität nun entsteht nicht durch das ausmass, sondern ist davon unabhängig. wir müssen uns davor hüten, das monumentale mit dem gigantischen zu verwechseln. die heutige zeit hat den zug zum gigantischen, und das mass für wirkliche und richtige grösse ist verloren gegangen. gerade im gegensatz zu fantastischen höhen, wie sie zum beispiel bei den komplizierten gestängen und konstruktionen mit 30–120 meter angegeben wurden, habe ich mir das mass sehr genau überlegt, denn ich bin der überzeugung, dass wirkliche monumentalität im engsten zusammenhang steht mit wirklicher grösse, das heisst, das gigantische ist nicht monumental, sondern bombastisch, währenddessen das kleine heute wieder an kraft gewinnt.

ideenkunst – konkrete kunst
es gibt einwendungen, die besagen, man sei heute nun gerade soweit gekommen, dass man die kunst glücklich von den sie belastenden ideen befreit habe und dass die neue kunst eine «kunst der reinen beziehungen» sei, wie sie von mondrian gefordert wurde. die konkrete kunst ist jedoch die sichtbarmachung einer idee. eine abstrakte idee erscheint in ihr in konkreter gestalt.

wir sind der auffassung, dass mit hilfe der konkreten kunst gerade jene dinge ausgedrückt werden können, die wirklichen symbolgehalt haben und die nicht literarisch oder sentimental belastet sind. in diesem sinne versuchen wir werke zu gestalten, denen eine direkte und eindeutige symbolkraft innewohnt, wie symbole für die einheit, die unendlichkeit, die freiheit, die menschenwürde. mit meinem denkmalprojekt habe ich versucht, zu dieser entwicklung einen beitrag zu leisten und gleichzeitig zu zeigen, dass ideen-kunst und konkrete kunst keine gegensätze sind.

ob mir die synthese zwischen malerei – plastik – architektur, material und modernität, massstab und monumentalität, ideenkunst und konkreter kunst in diesem denkmal gelungen ist, kann ich leider nicht feststellen, denn ohne reale ausführung ist eine überprüfung der wirkung nicht möglich.

ich fasse das hier ausgeführte zusammen, indem ich den erläuterungsbericht an die jury zitiere:

die idee

als symbol der unerschütterlichkeit, der unbeugsamkeit und der freien urteilskraft steht im zentrum eine dreikantige säule, jedesmal mit der kante gegen den zugang.

als symbol der freiheit ist der raum nach aussen allseitig offen. der durchgang ist getreppt, so dass er «erarbeitet» werden muss.

nach aussen bildet das ganze eine einheit aus grossen, schützenden flächen.

die form

die dreikantige säule wirkt als spiegel, in dem sich die umgebung bricht. im gegensatz zum raumerlebnis der drei innen gestuften kuben ist das verhältnis von säule und mensch nicht das gleiche wie von menschen zur umgebung. die säule reflektiert ein spiegelbild, das sich in anderer weise bewegt als der raum, den der mensch durchschreitet.

dieser raum ist von innen nach aussen entwickelt, also im gegensatz zu einer nach herkömmlichen gesichtspunkten konzipierten plastik, hat dieser plastische raum zwei wesentliche aspekte:
1. nach aussen scharfkantig-elementar, geschlossen.
2. von innen nach aussen vielgestaltig gegliedert, allseits offen

als verbindung von monument und umgebung führen sitzbänke die richtungen der plastik im raum weiter. sie sind gleichzeitig sitzplätze, raumverbindung zur umgebung und raumbegrenzung zur bodenfläche.

die ausführung

die chromnickelstahlsäule im zentrum ist exakt geschliffen und poliert, so präzis wie ein spiegel.

die kuben sind aussen aus grauen granitplatten zusammengesetzt. das innere ist ganz aus weissem marmor.

die sitzbänke sind aus grauem granit wie die aussenflächen der kuben.

das aussenmass der kuben ist 4 meter, desgleichen die höhe der stahlsäule.

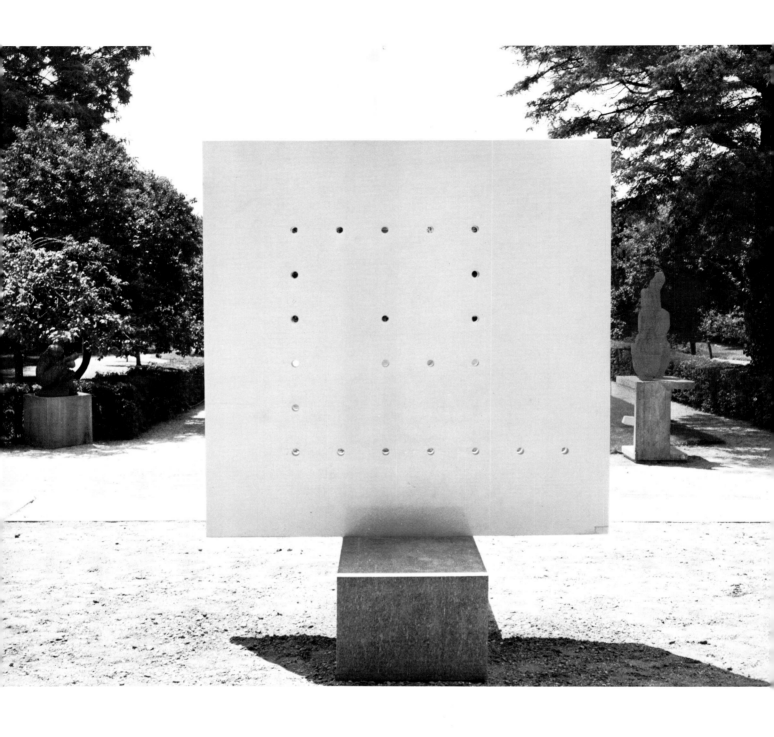

«22». 1953
weisser marmor. 140×140 cm

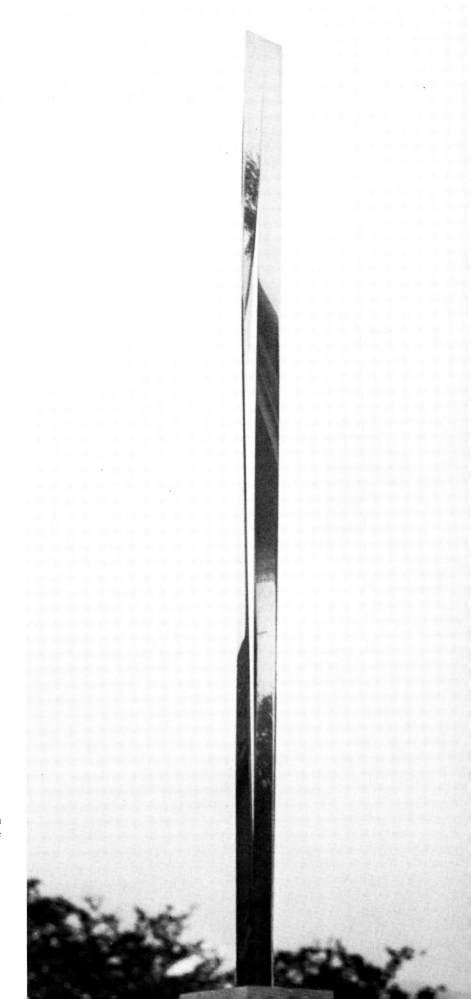

unendliche fläche in form einer säule. 1953
kleine ausführung messing vergoldet, mehrere
versionen verschiedener höhe. grossausführung in
chromnickelstahl, 1974–77, für die eidgenössische
technische hochschule zürich-hönggerberg.
h = 12,5 meter.

denkmalprojekt für georg büchner vor das theater in darmstadt. 1955
länge ca. 7 meter, schwarzer diabas, kubus in hellem granit. 2 meter. nicht ausgeführt.

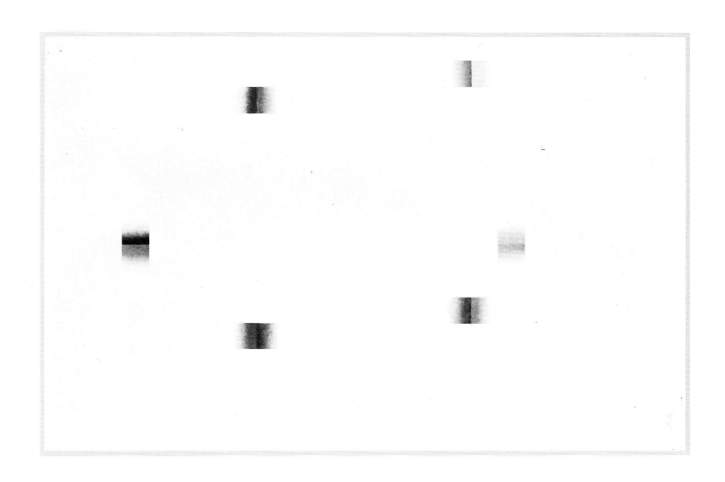

akzente aus sechs zonen. 1955
öl auf leinwand. 70×105 cm

transcoloration. 1955
öl auf leinwand. 32 × 96 cm

142

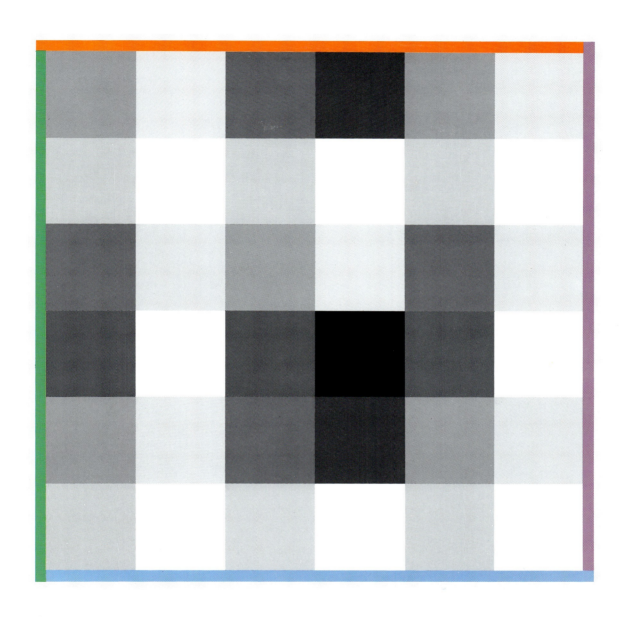

ein schwarz zu acht weiss. 1956
öl auf leinwand. 100 × 100 cm

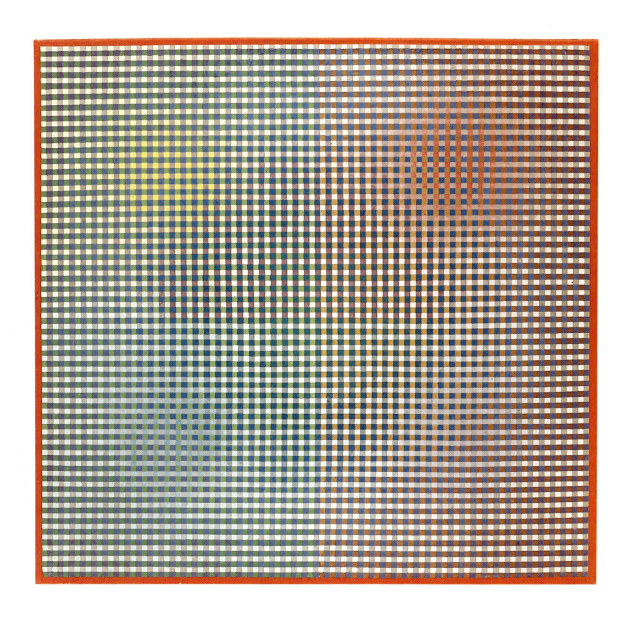

integration von vier systemen. 1958–60
öl auf leinwand. 66 × 66 cm

zwei gruppen aus doppelfarben. 1958–62
öl auf leinwand. 93×71 cm

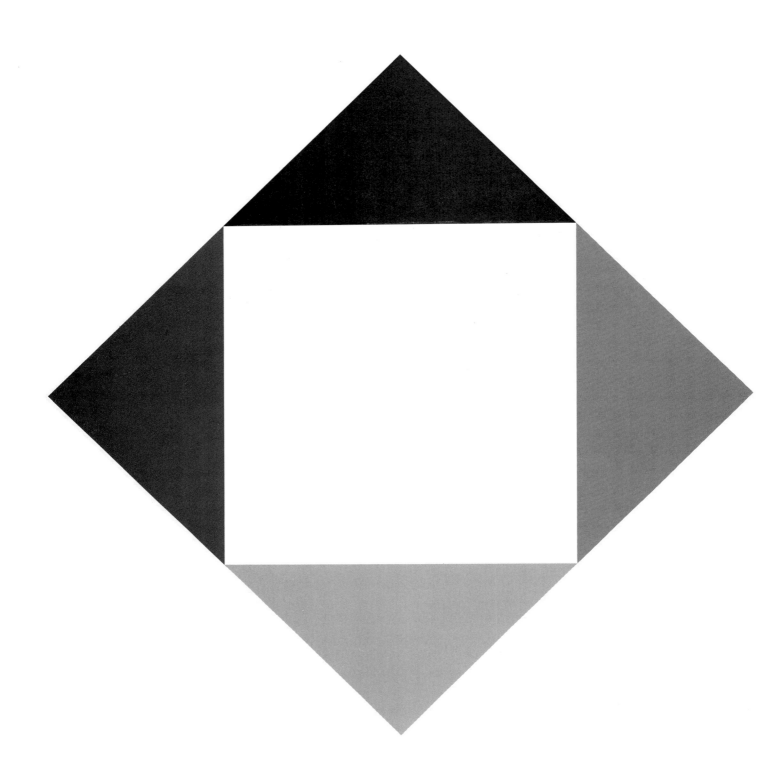

weisses element. 1959
öl auf leinwand. diagonal 68 cm

weiss aus komplementärfarben. 1959
öl auf leinwand. diagonal 68 cm

eineckfläche im raum. 1959
messing vergoldet. 63 × 42 × 36 cm
detroit institute of arts, detroit,
geschenk von w. hawkins ferry

gruppe von sechs zellen. 1959
schwarzer granit. 37× 57× 52 cm
sammlung janice ury, belvedere, kalifornien

drei gleichgrosse farbteile. 1959
öl auf leinwand. diagonal 170 cm

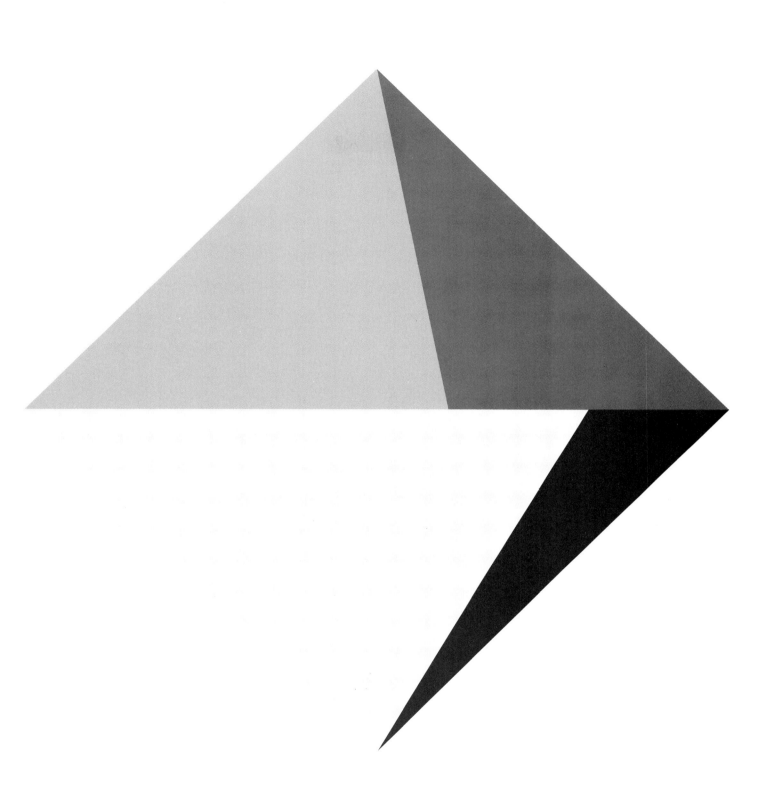

kompression 4:3:2:1. 1960
öl auf leinwand. diagonal 113 cm

quadrat im quadrat. 1960
öl auf leinwand. 80 × 80 cm

diagonal verwanderte farbecken. 1960–75
öl auf leinwand. diagonal 170 cm

teilung aus orange. 1961–62
öl auf leinwand. diagonal 170 cm

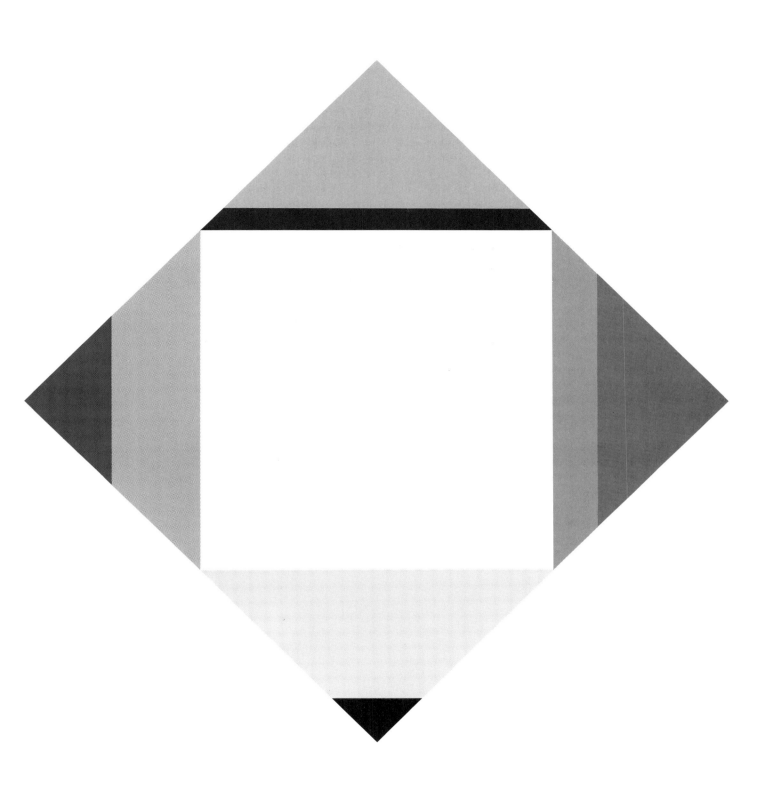

ausdehnung von schwarz zum weissen quadrat. 1961–65
öl auf leinwand. diagonal 141 cm
sammlung richard zeisler, new york

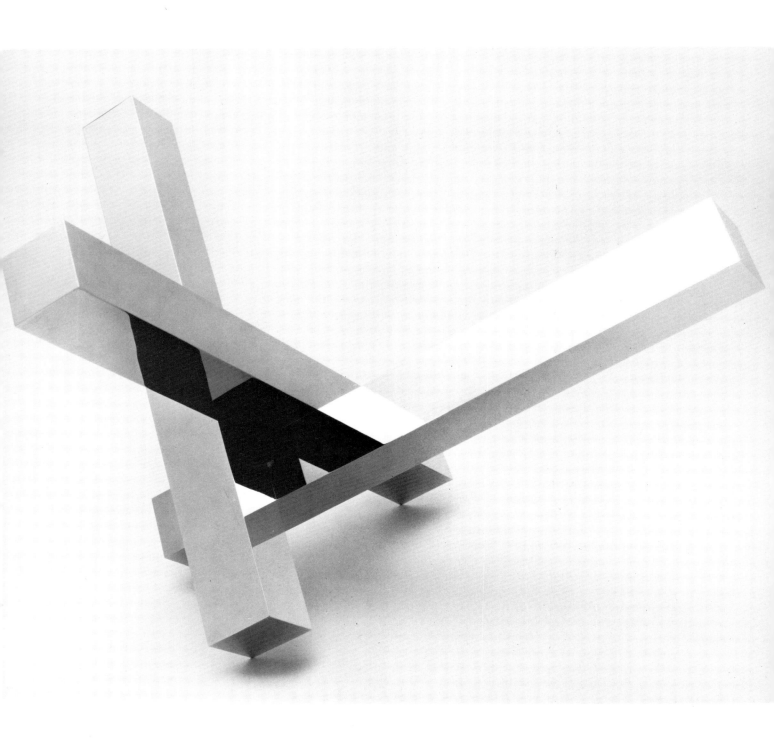

einheit aus drei gleichen volumen. 1961
messing vergoldet. 43 × 32 × 25 cm
gross-ausführung museum quadrat bottrop.
h = ca. 250 cm

quadrat aus teilen. 1962
öl auf leinwand. diagonal 142 cm

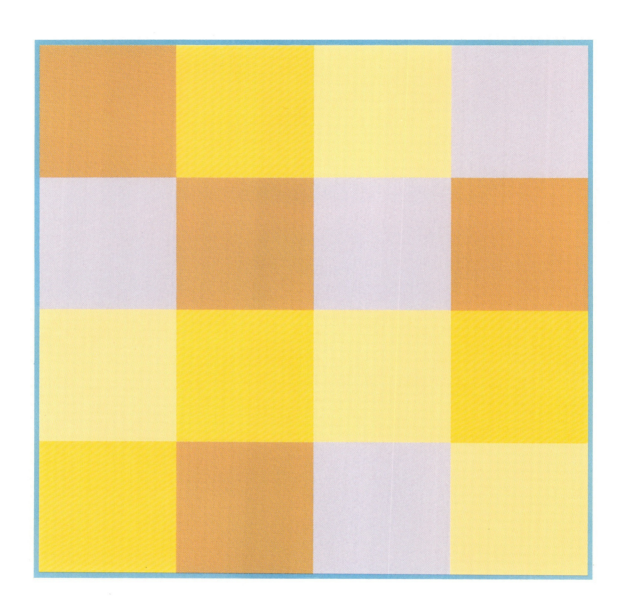

vier farben in gleichen gruppen. 1963
öl auf leinwand. 100 × 100 cm

feld aus vier farben. 1963
öl auf leinwand. 80 × 80 cm

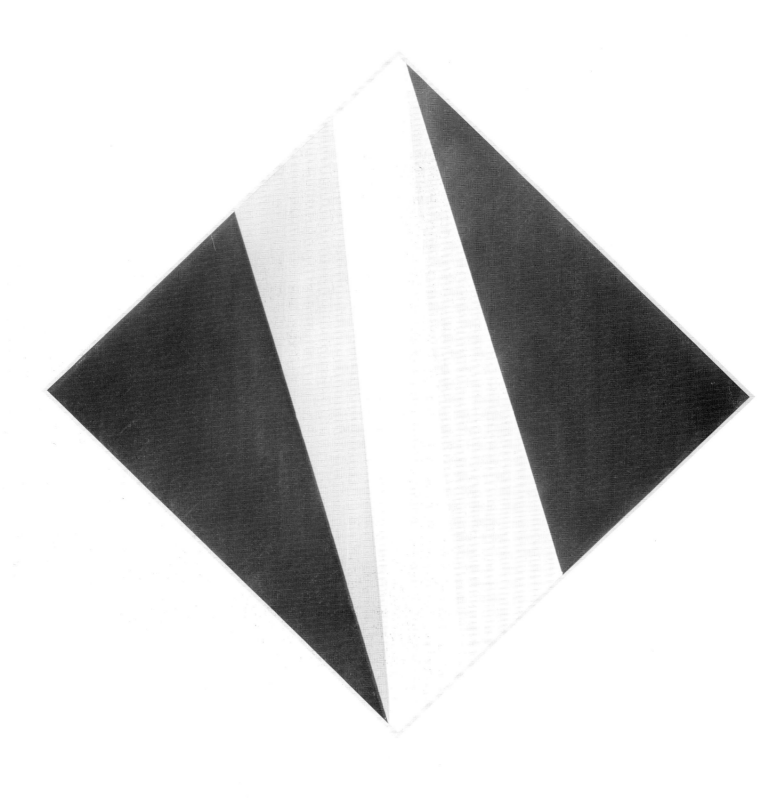

verdichtung zu helligkeit. 1964
öl auf leinwand. diagonal 113 cm

verdichtung gegen gelb. 1964
öl auf leinwand. diagonal 212 cm

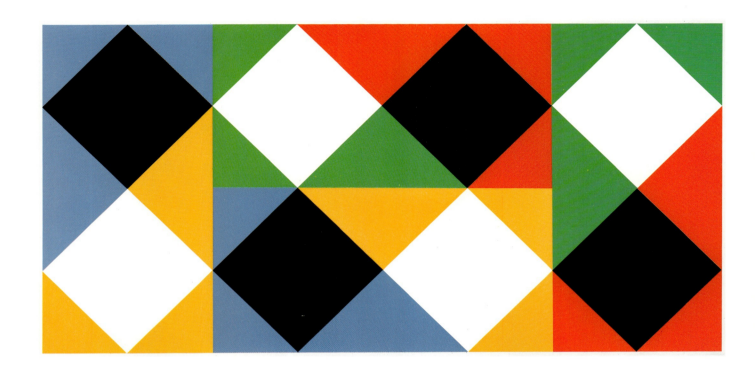

farbfeld mit weissen und schwarzen akzenten. 1964–66
öl auf leinwand. 100 × 200 cm

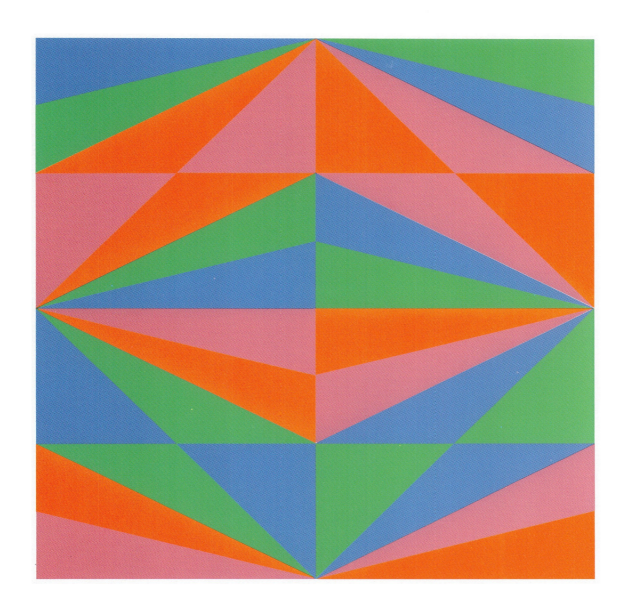

feld aus zweiunddreissig teilen in vier farben. 1965
öl auf leinwand. 132×132 cm
albright-knox art gallery, buffalo, schenkung seymour h. knox

pyramide in form einer achtelskugel. 1965
schwarzer schwedischer granit. höhe 50 cm

irreguläre pyramide über kugelfläche. 1965
schwarzer schwedischer granit. 72 × 50 × 25 cm

dieser text wurde verfasst für den band *structure in art and science* in der reihe *vision + values*. herausgegeben von gyorgy kepes. 1965. new york. george braziller: deutsch «struktur in kunst und wissenschaft». 1967. bruxelles, éditions de la connaissance.

struktur als kunst? kunst als struktur?

man kann annehmen, kunst sei im wesentlichen als erfindung identifizierbar. erfindung von ausdrucksmitteln; erster vorstoss in noch unbekannte ästhetische gestalt-möglichkeiten.

in diesem sinn setzt kunst neuheit voraus. neuheit des gedankens. neuheit der thematik, neuheit der gestalt. es gibt zwei zugänge zu dieser art neuheit. a) der individuelle, der aus der seelisch-geistigen verfassung des gestalters kommt. b) der allgemeine, der sich auf das experiment der objektiven gestalt-möglichkeiten stützt.

a) führt im extremfall zur «art informel» oder zu den neodadaistischen materialkombinationen, b) führt zur struktur. auf der einen seite: materialeigenschaften im «naturzustand», individuell interpretiert. auf der andern seite: strukturgesetze bis zu deren schematischen anwendung in gleichmässiger verteilung.

obwohl man annehmen kann, auch amorfe materie habe im naturzustand einen inneren aufbau – eine struktur –, eben jene der materie, so können wir diese art struktur aus dieser betrachtung ausschliessen, denn sie ist, als innere materialstruktur, ästhetisch-visuellen argumenten nicht zugänglich. weder in der malerei, noch in der plastik.

anders verhält es sich mit den strukturgesetzen. strukturgesetze sind ästhetischen argumenten zugänglich, dann sie sind prinzipiell ordnungsgesetze, und schliesslich ist kunst = ordnung. kunst ist also weder natur-ersatz, noch individualitäts-ersatz, noch spntaneitäts-ersatz. und dort wo sie als ersatz auftritt, ist sie nur insofern kunst, als sie diesen ersatz ordnet, gestaltet. durch ihren ordnungscharakter rückt die kunst nahe an die strukturgesetze als ordnungsträger.

die frage stellt sich nun, was ein strukturgesetz, ein ordnungsgesetz, so wie wir es in der wissenschaft kennen, im verhältnis zur kunst bedeutet. das heisst: wo liegt die grenze zwischen struktur und kunst?

gehen wir vom extremfall aus: eine fläche ist überzogen mit einer gleichmässigen verteilung im sinn der statistik, oder ein regelmässiges gitter dehnt sich im raum aus. es ist dies eine «ordnung», die sich regelmässig fortsetzen lassen würde ohne ende. eine solche ordnung nennen wir hier struktur. im kunstwerk jedoch ist nun diese struktur begrenzt. entweder räumlich oder flächig. hier tritt, im sinn der auswahl, ein ästhetisch-gestalterisches argument auf: die mögliche, ästhetisch tragbare ausdehnung der struktur. eine wahl, wenn sie nach prüfbaren argumenten erfolgt, macht eigentlich erst ein wahrnehmbares ordnungsprinzip begreifbar, indem sie eine beliebig ausdehnbare struktur limitiert.

aber genügt das auswählen oder das limitieren für das entstehen eines kunstwerkes? diese frage erhebt sich vor allem deshalb, weil durch den versuch eines radikalen verzichtes auf individuelle ausdrucksmittel (seit mondrian) keine reduktion mehr weit genug gehen kann. und auch, weil sich die ausdrucksmittel in den grenzen der geringsten ästhetischen information zu bewegen beginnen: weder lokalisierbar noch messbar, weder ausdruck noch richtungweisung: neutrum mit ästhetischem anspruch. die ästhetische qualität beginnt sich in die äussersten reduktionen zurückzuziehen, in die äusserste objektivität, bis zur aufhebung der novität und der erfindung.

erfindung aber setzt immer wieder das neue aufwerfen von problemen voraus. dieses neuaufwerfen ist individuell bedingt. kunst ist ohne diese individuelle leistung nicht denkbar. anderseits ist ordnung ohne objektivierende struktur nicht möglich.

das bedeutet, dass kunst nur dort und nur dann und nur deshalb entstehen kann, wenn und weil individueller ausdruck und persönliche erfindung sich dem ordnungsprinzip der struktur unterstellen und diesem ordnungsprinzip neue gesetzmässigkeiten und gestalt-möglichkeiten abgewinnen können.

solche gesetzmässigkeiten und solche erfindungen im rahmen des persönlichen ausdrucks manifestieren sich als rhythmus. rhythmus verändert die struktur zur gestalt; das heisst, aus der allgemeinen struktur entsteht die spezielle gestalt eines kunstwerkes durch eine rhythmische ordnung.

konstruktion aus einem kugelförmigen ring. 1965–66
weisses silicon. 26,5 × 26,5 cm
the carborundum company, niagara falls, n.y./usa
gross-ausführung in granit. 100 × 100 × 100 cm

halbe kugel um eine achse. 1965–66
schwarzer schwedischer granit. ⌀ 100 cm

halbe kugel um zwei achsen. 1965–66
grauer granit. ⌀ 120 cm
stadt lugano
in schwarzem granit. ⌀ 36 cm

halbe kugel um drei achsen. 1965–66
schwarzer schwedischer granit. ⌀ 46 cm

halbe kugel no 5. 1965–66
schwarzer schwedischer granit. ⌀ 40 cm
sammlung janice ury, belvedere, kalifornien

familie von fünf halben kugeln. 1965–66
kunststein. ⌀ 240 cm
universität karlsruhe, mathematisches institut

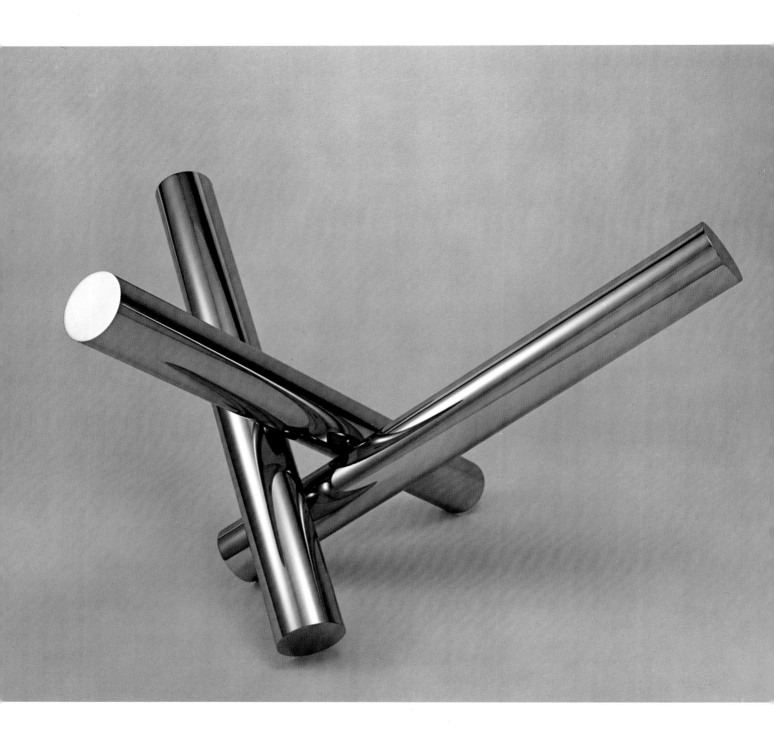

einheit aus drei gleichen zylindern. 1966
messing verchromt. 66 × 36 × 48 cm
messing vergoldet. identisch

säule mit 3- bis 6eckigen querschnitten.
1966
schwarzer granit. ⌀ 42 cm, höhe 462 cm

hinten: säule mit 3- bis 8eckigen querschnitten. 1966
grauer granit. ⌀ 60 cm, höhe 420 cm
besitz der stadt genf

zwei halbe kuben. 1966
schwarzer schwedischer granit. 28 × 28 × 28 cm
museum tel aviv

strebende kräfte einer kugel. 1966–67
rosa granit. 115 × 75 × 75 cm

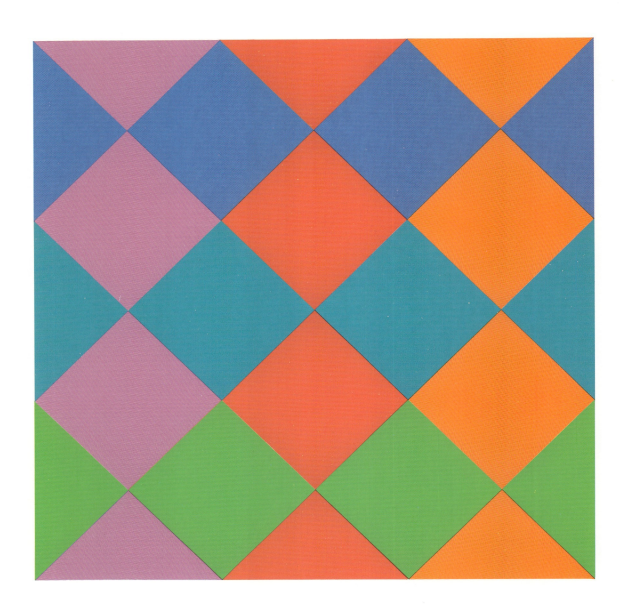

feld aus sechs farbdurchdringungen. 1966
öl auf leinwand. 132 × 132 cm

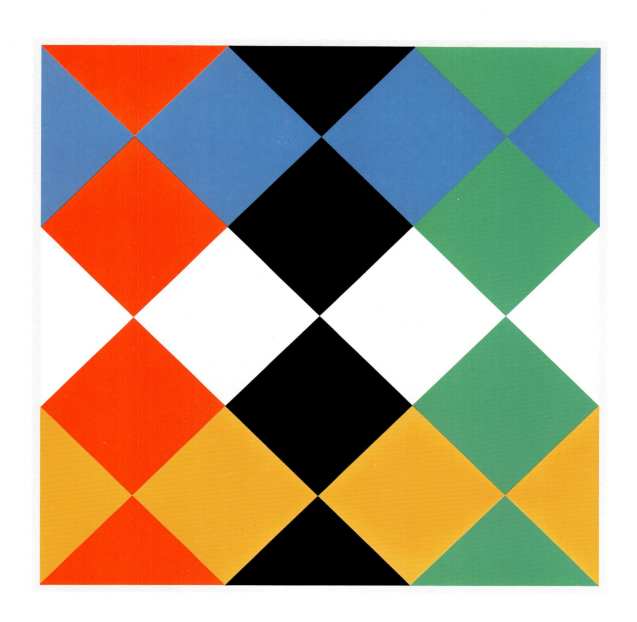

feld aus sechs sich durchdringenden farben. 1966–67
öl auf leinwand. 150 × 150 cm

zwilling als viertelskugel. 1968
afrikanischer granit. 110 × 80 × 55 cm

dieser text wurde in englischer sprache zuerst publiziert in *data-directions in art, theory and aesthetics,* herausgegeben von anthony hill, im verlag faber & faber, london, 1968. in französischer sprache wurde er publiziert in den katalogen der retrospektiven im centre national d'art contemporain paris, 1969, und musée de peinture et de sculpture grenoble, 1969–70, sowie musée rath, genève, 1972. dieser text erscheint hier erstmals in deutscher sprache.

kunst als unveränderbare tatsache

die avantgardisten, die konstruktivisten, die dadaisten, die kinetischen künstler, die pop- und op-künstler, sie haben immer gesagt:
alles verändert sich, alles ist leben, alles ist bewegung.

indem man solche argumente benützte, wurde ein neuer zustand für die bildenden künste proklamiert. genauer: neue zustände – das veränderbare werk. so wie die zeit in den bereich der physik eingeführt wurde, wurde sie auch in die kunst eingeführt. bisher auf literatur und musik beschränkt, hofft man die dimension zeit nun auch in malerei und plastik realisieren zu können. eine welle wurde ausgelöst, die ständig weiterrollt. ich möchte hier untersuchen, was in diesem zusammenhang eine nur modische erscheinung ist, was irrtümer sind, und was richtig sein könnte.

die vorstellung, dass alles in bewegung sei, ist nicht neu. die einzige neue tatsache besteht in dem beweis, dass materie und energie dasselbe sind und sich nur in bezug auf ihre dichte und anordnung unterscheiden.

ebenfalls nichts neues ist die tatsache, dass man aus alten, unbrauchbar gewordenen maschinen neue machen kann, die keinen anderen zweck haben als sich zu bewegen und technisch altbekannte vorgänge zu verfremden.

die selbstverständlichkeit, dass man feuerwerk, wasserspiele, licht- und schattenspiele planen und gestalten kann, reicht zurück in alte zeiten und wurde bis heute nicht ersetzt durch eindrucksvollere ideen.

wir können fordern, dass jedes mittel, das geeignet ist, ein kunstwerk hervorzubringen, auch benützt wird. doch befreit uns das nicht von einer genauen untersuchung darüber, worin die bedeutung und die möglichkeiten der kunst liegen.

gehen wir vom grundsatz aus, dass kunst eine ästhetische information sei, dann müssen wir fragen: information für wen? von wem? mit hilfe von was? information worüber: über eine ästhetische tatsache? aber was ist eine ästhetische tatsache? eine elementare wahrheit? eine verständliche ordnung? ein begreifbares gesetz?

vorausgesetzt, man könnte kunst auf diese art beschreiben, dann müsste man auch wissen, welchem zweck diese ästhetische information dient. ich behaupte: sie ist eine unveränderbare mitteilung von heute an heute und in die zukunft.

ich behaupte, dass es das ziel der kunst ist, eine art unveränderbare, elementare wahrheit hervorzubringen. eine art von wahrheit, die man wohl unterschiedlich interpretieren kann, die aber trotzdem dieselbe bleibt. denn obwohl die umwelt und der betrachter veränderungen unterworfen sind, gilt das nicht für ästhetische objekte.

deshalb widerspricht es grundsätzlich der bedeutung der kunst, wenn man sie den gesetzen der veränderung unterwirft. es ist die aufgabe der kunst, ein ästhetisches mass zu setzen. wenn man weiss, wie schwierig es ist, ein absolutes mass im gegensatz zur physikalischen natur zu finden, dann begreift man, dass dieses problem auf geistigem gebiet nur durch die kunst zu lösen ist. wie schwierig ist es, genau zu messen: die zeit, die entfernung, das gewicht? und wie wichtig ist es für unsere gesellschaft, dass dieses messen genau funktioniert, damit unsere umwelt gut und dauerhaft eingerichtet werden kann.

noch sind wir sehr ungenügend ausgerüstet, um im feld der ästhetik messungen vorzunehmen. das geistige leben hinkt hinter der technischen entwicklung unserer prothesenwelt einher. diese strebt einem höhepunkt zu, der den ungelösten problemen der menschheit krass widerspricht: nämlich einer angemessenen allgemeinen sozialen ordnung und einer angemessenen geistigen ordnung. elemente dieser geistigen ordnung finden wir im bereich elementarer ästhetischer wahrheiten. und dazu braucht es keine kinetik, keine modernismen.

die kinetischen objekte gehören in den bereich der gaukler, zauberer, des zirkus und des jahrmarktes. ihre überraschenden machenschaften und tricks amüsieren uns. sie tragen auf sehr erfreuliche weise zu unserer unterhaltung bei. das jedoch war niemals der sinn der kunst.

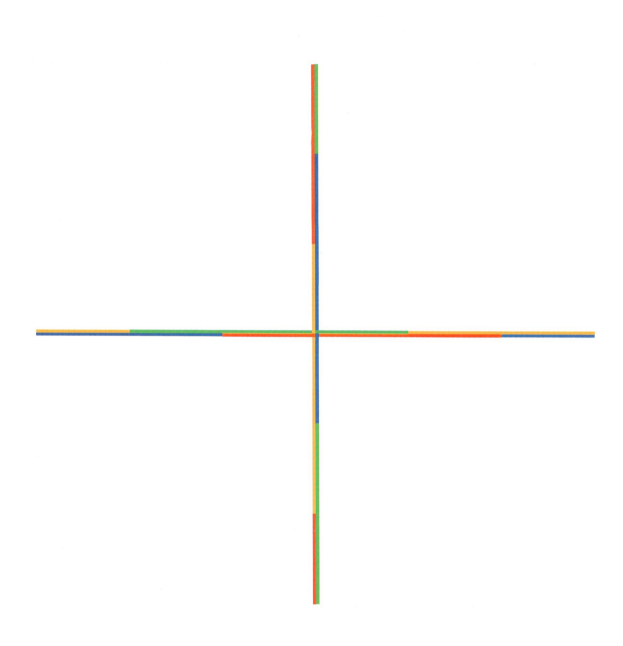

rhythmus von vier farben in weiss. 1967–68
öl auf leinwand. 200 × 200 cm

neun felder und doppelfarben geteilt. 1968
öl auf leinwand. 120 × 120 cm
albright-knox art gallery, buffalo, schenkung seymour h. knox

gefasster kern. 1969
öl auf leinwand. diagonal 170 cm

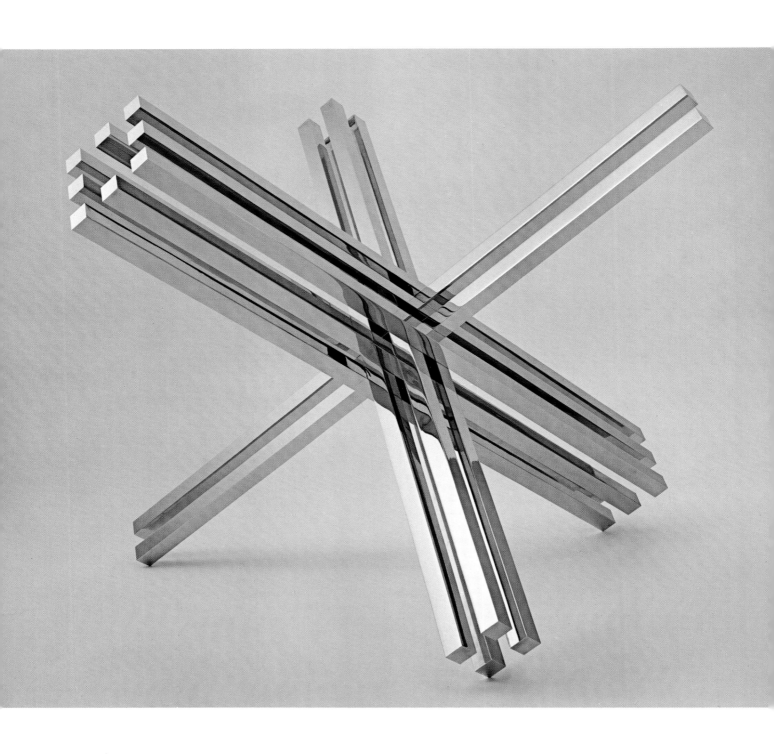

kern aus doppelungen II. 1968–69
aluminium vernickelt. 112×100×80 cm

kern aus gruppen von je vier elementen. 1969
aluminium vernickelt. 115 × 100 × 81 cm

rotation von gleichen farbmengen um weisse zentren. 1969
öl auf leinwand. 198×198 cm

pavillonskulptur II. 1969–75
holz. 315 × 315 × 315 cm

das thema:
    4 gleiche quadrat-gruppen
    jede aus 4 gleichen elementen
    4 + 4 + 4 + 4 = 16 quadrate

in diesem portfolio besteht jede komposition aus einer anderen farbgruppe. das heisst, wenn man sämtliche verwendeten farben zusammen auf alle elf kompositionen anwenden würde, könnten innerhalb des gegebenen themas und seiner struktur 1034 verschiedene kompositionen entstehen.

wenn man aber alle diese farben, ohne die einschränkung durch die elf gegebenen gruppen verwenden würde, dann wäre es möglich, viele tausende solcher kombinationen zu produzieren.

der schritt von einer gruppe zur folgenden erfolgt durch veränderung des platzes eines einzigen elementes der gruppe.

es gibt elf mögliche kompositionen von denen jede aus vier identischen gruppen besteht. weggelassen sind fünf varianten, die lediglich spiegelungen sind der gruppen II, III, IV, V und XI.

es gibt innerhalb dieser elf kompositionen 66 möglichkeiten von kombinationen wenn man sich auf nur vier farben beschränkt. wenn man die spiegelungen mit berücksichtigt, dann sind 94 kombinationen möglich.

the theme:
    4 equal groups of squares
    of 4 equal elements each
    4 + 4 + 4 + 4 = 16 squares

in this portfolio each composition is done with a different colour groupe. This means, that when taking all this colours, it would be possible to combine in the given theme and structure, 1034 different compositions.

by using all colours of the eleven given compositions, without the restriction of equal groups and limited colorcombinations, there would be many thousends more possibilities of combinations.

the step from one group to the next by changing the place of only one element.

here are eleven possibel compositions, each of four identical groups.
excluded are five variants by the reversion of the groups II, III, IV, V and XI.

there are 66 possibilities within this eleven compositions by using only four identical colours.
The reversions included, there would be 94 possibel combinations

identisch mit I → ← identical to I

11 × 4 : 4. 1970
11 siebdrucke 55 × 65 cm. erläuterungsblatt

system mit fünf vierfarbigen zentren. 1970
öl auf leinwand. 120×120 cm
migros-genossenschaft, st. gallen

durchdringung von vier farben gleichen
quantums. 1970
öl auf leinwand. 60×150 cm

rot und grün aus blau und gelb. 1970
öl auf leinwand. 120×60 cm

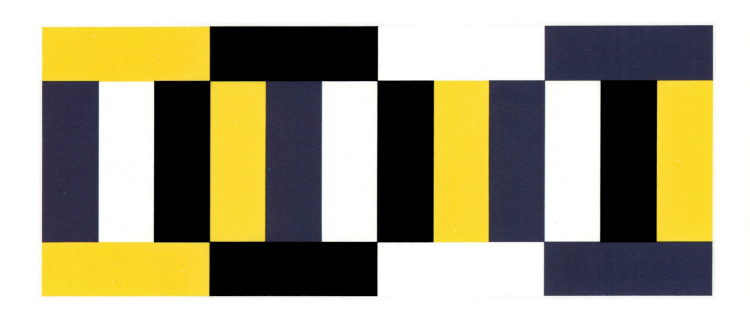

vierfarbiges system. 1970
öl auf leinwand. 100 × 240 cm

acht felder von gleichgrosser fläche. 1970–71
öl auf leinwand, diagonal 170 cm

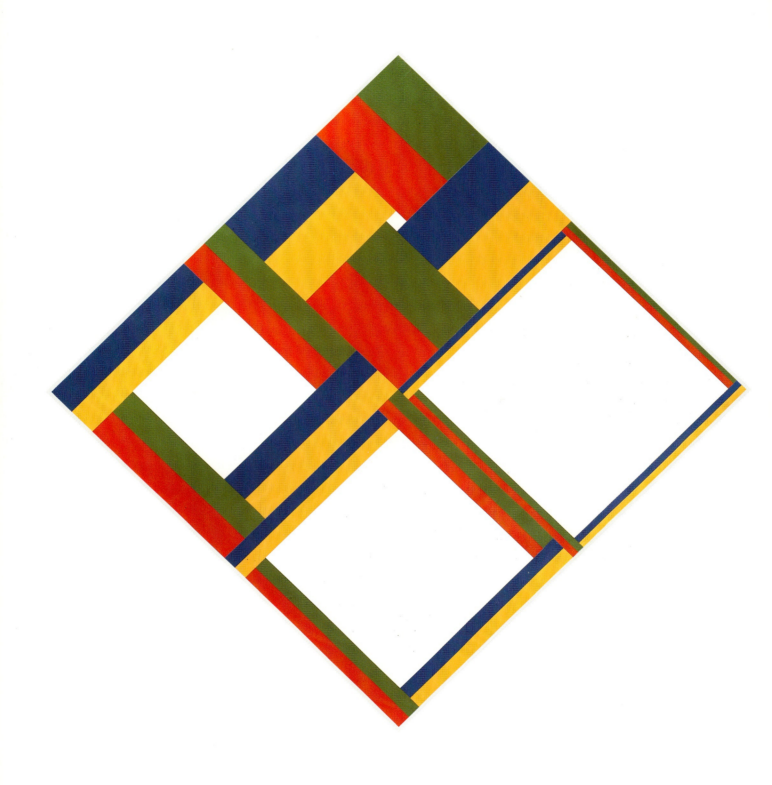

doppelfarben in vier richtungen. 1970–71
öl auf leinwand, diagonal 212 cm

drei weisse akzente. 1970
öl auf leinwand. 70 × 300 cm

blau-gelb-dominante. 1973
öl auf leinwand. 70 × 300 cm

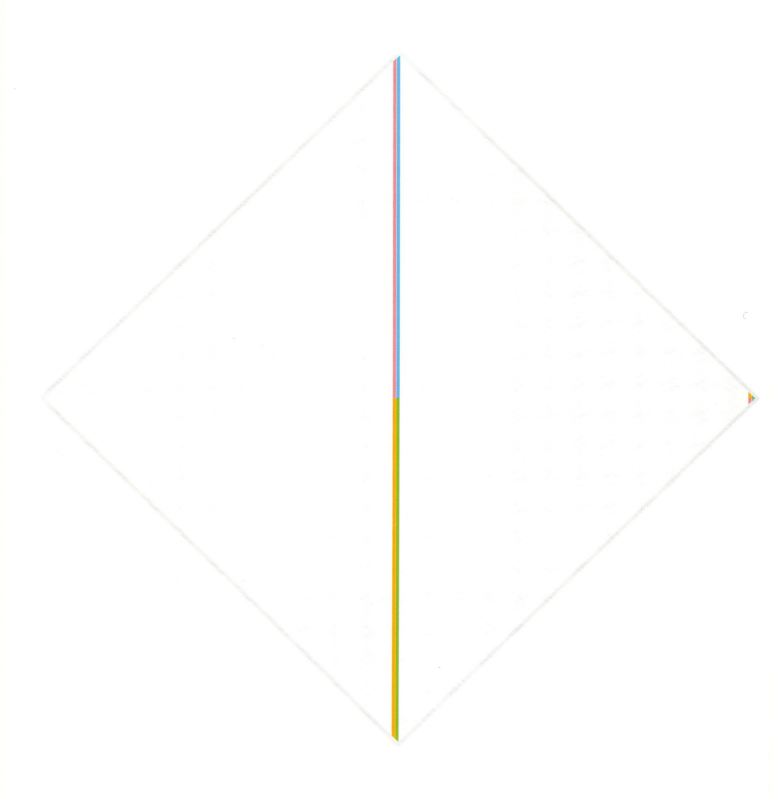

parallelen im raum aus doppelfarben. 1970–73
4. version
acryl + öl auf leinwand, diagonal 283 cm

zwei umschlossene quadrate. 1971
öl auf leinwand. 200 × 100 cm
sammlung daimler-benz, stuttgart-untertürkheim

fläche im raum mit zwei ecken. 1971
messing vergoldet. 19 × 45 × 101 cm
los angeles county museum of art
los angeles/cal.

nach innen gekehrte fläche im raum mit zwei ecken. 1971
messing vergoldet. 19 × 46 × 44,5 cm

komplementär-rotation. 1970
öl auf leinwand. diagonal 283 cm

vier gleiche farbquanten um weisse felder. 1970
öl auf leinwand. 200 × 200 cm

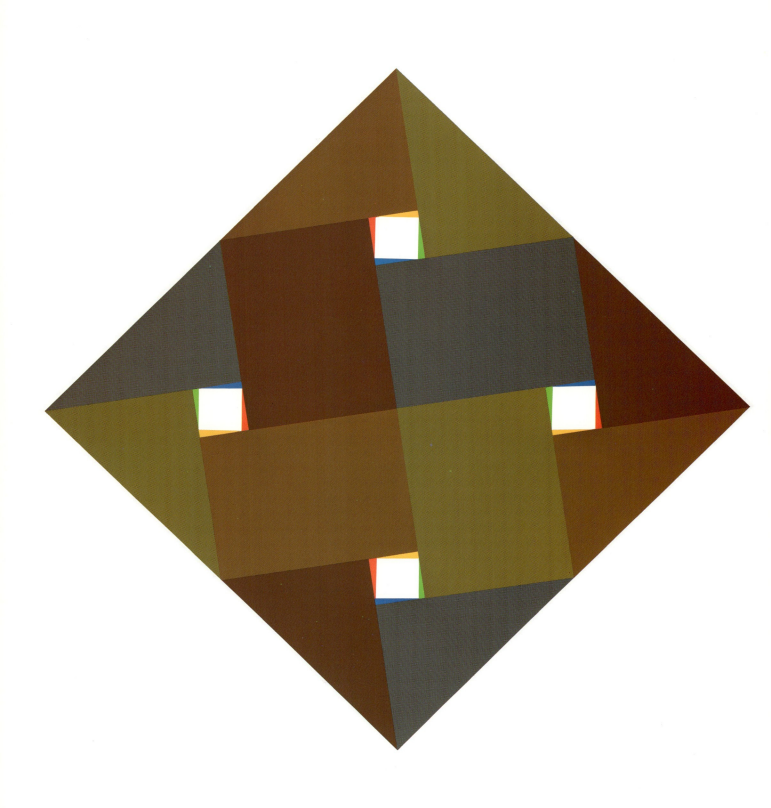

rotation um weisse kerne. 1971–72
öl auf leinwand. diagonal 212 cm

margit staber befragt max bill

malerei und plastik, einzelwerke und gruppen von einzelwerken entstehen bei ihnen auf traditionelle weise. wie verhält sich diese aktivität, die man individualistisch nennen kann, mit ihrem auf anonymität zielenden anspruch, unsere umwelt in allen ihren bereichen gestalterisch zu verändern?

meine arbeitsweise ist nicht individualistisch, sondern so objektiv, wie dies einem einzelnen möglich ist. in der malerei und plastik habe ich die möglichkeit, ein problem, das naturgemäss aus unserer zeit und gesellschaft sich stellt, auf eine möglichst kompromisslose weise zu einem resultat zu führen. in der plastik sind es probleme des räumlichen ausdrucks, und in der malerei ist es die beziehung von farben und rhythmen auf die fläche. in beiden fällen versuche ich elementare gesetzmässigkeiten in einem geschlossenen werk zu vereinen.

diese werke gelten als repräsentativ für die konkrete kunst. ein grundsatz der konkreten kunst ist die eigenständigkeit der mittel, die nicht der darstellung dienen, sondern träger eines nur sich selbst bedeutenden kunstwerkes sind. diese forderung haben sie in ihren theoretischen äusserungen immer wieder erhoben. gleichzeitig aber sprechen sie vom symbolwert, vom zeichenwert, der einem aus diesen voraussetzungen geschaffenen werk zukomme. das heisst, das kunstwerk ist nicht mehr zeichen von etwas, sondern zeichen für etwas. liegt nicht ein widerspruch darin, kunst einerseits als autonomes objekt, andererseits als symbolträger zu verstehen?

ich bin zu diesen grundsätzen auf anregung eines manifestes von theo van doesburg gekommen – art concret, 1930 –, das nach seinem tod nicht weiter verfolgt wurde und das ich später zu präzisieren versuchte. ich behaupte also, dass kunstwerke durch realisation von abstrakten ideen zu konkreten ästhetischen gegenständen für den geistigen gebrauch werden. wenn ich feststelle, dass ein werk der konkreten kunst die realisation einer idee sei, so bedeutet das zwei dinge, die zueinander in dialektischer beziehung stehen, nämlich: die primäre gestaltungsidee, die zu einem bestimmten ausdruck führen soll einerseits, und andererseits die anzuwendenden gestaltungsmittel, mit deren hilfe dieser ausdruck realisiert wird. meines erachtens kann auf grund

dieses interview wurde 1972 veröffentlicht im katalog der max bill ausstellung in der marlborough-galerie zürich. es wurde für dieses buch von frau weinberg-staber leicht revidiert.

dieses dialektischen verhältnisses ein kunstwerk entstehen, das heisst, aus der widersprüchlichkeit von zwei forderungen und deren auflösung.

das beantwortet meine frage nur teilweise; ich möchte genauer wissen, was unter diesem symbol- und zeichenwert zu verstehen ist. lässt sich das an einem beispiel erklären? es muss doch eine besondere art von symbolbildung sein, die man mit elementaren formen der konkreten kunst in beziehung setzen kann, die einerseits als grundfiguren der geometrie, andererseits als archetypische zeichen bekannt sind seit den primitivepochen von kunst und kultur?

dieser anspruch, nämlich nach symbolwert, den ich vertrete, wird bei weitem nicht von allen heutigen repräsentanten der konkreten kunst geteilt. ganz offensichtlich schlossen jedoch die pioniere der ersten generation – zum beispiel arp, kandinsky, malevitsch, mondrian, vantongerloo – eine symbolische bedeutung ihrer werke mit ein. ich glaube, dass eine geistige auseinandersetzung, die zu symbolen führt, überhaupt der anstoss ist zur schaffung von kunstwerken. dadurch, dass man eine bedeutung anstrebt, heisst das aber noch nicht, dass diese auch erklärbar sei. wäre sie erklärbar, so würde man sie vermutlich nicht in der form von malerei und plastik darstellen, sondern mit worten beschreiben.

zu welcher generation zählen sie sich?

kunst ist genauso pluralistisch wie unsere gesellschaft. wenn man sich inmitten der heutigen probleme bewegt, setzt man sich selbstverständlich mit allem auseinander, und daraus entsteht das weltbild, aus dem man seine schöpferischen anregungen zieht. mit der zeit verselbständigt man sich, man setzt sich mit der tradition auseinander, betrachtet vergangenheit und gegenwart kritisch auf grund von studien und der eigenen erfahrung. ich kann meine bilder und plastiken nur machen, indem ich ständig die politischen und ökonomischen entwicklungen, wissenschaftliche forschungen und entdeckungen verfolge, und das in verbindung mit meinen erfahrungen in der praxis, zum beispiel in der architektur. ich glaube nicht, dass ich fähig wäre, mich mit einem gewissen optimismus als künstler weiterzuentwickeln, wenn ich mich nicht ständig mit der realität auseinandersetzen würde. das geflecht aus erfahrungen und realität ist einem kybernetischen system vergleichbar. daraus entstehen meine

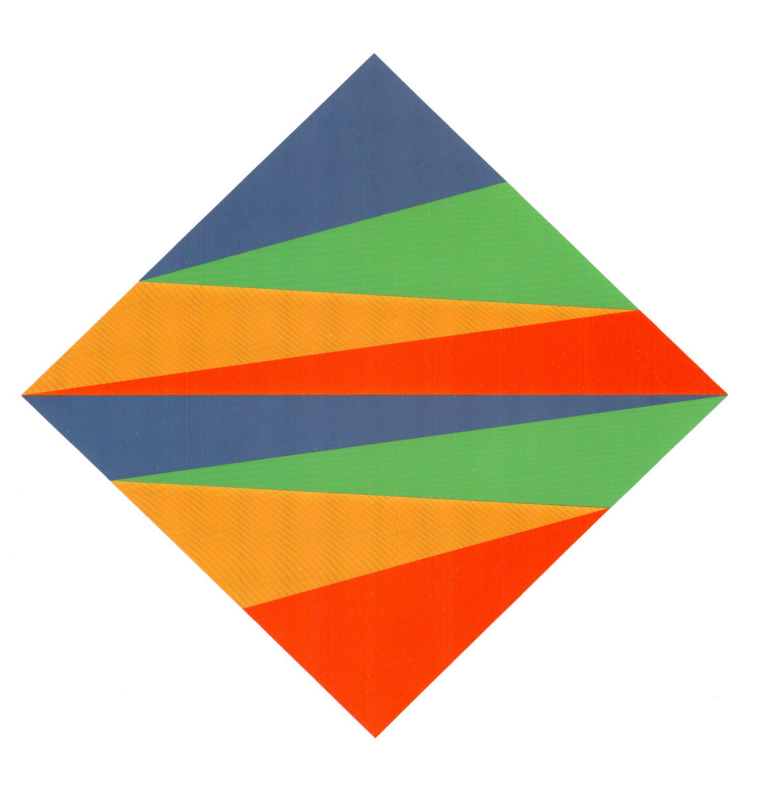

einheit aus flächengleichen farben. 1972
öl auf leinwand. diagonal 170 cm

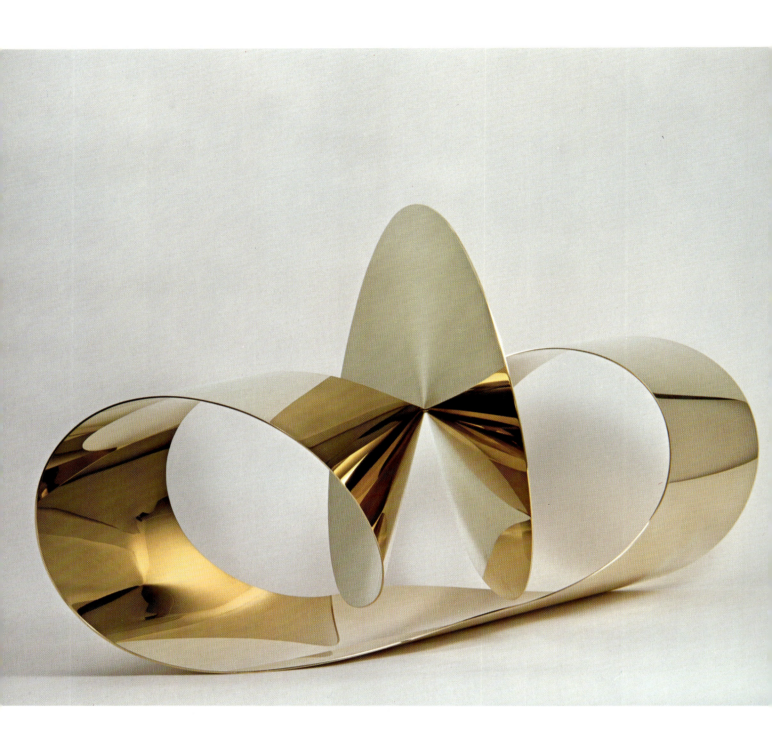

begrenzung geht durch das zentrum. 1972
messing vergoldet. 85 × 42 × 38 cm

einfälle und ideen, zu deren verwirklichung ich die entsprechenden technischen mittel suche. ich ziehe traditionelle herstellungsmethoden vor: dieses vorgehen ist in seinem ideengehalt experimentell, in den technischen mitteln jedoch eher konservativ. ich kann mich schlecht einer bestimmten generation zurechnen und halte nichts von einer solchen einteilung.

es gibt ihnen sicher zu denken, dass in den letzten jahren die konstruktive konkrete kunst vermehrt grosse beachtung findet, bei publikum, kunstkritik und kunsttheorie. wie sehen sie ihren platz als ein noch aus den frühen dreissiger jahren herkommender?

ich fühle mich in meinen bestrebungen bestätigt, was heisst: weitermachen, neues machen!

als plastiker sind sie weltweit bekannt. sie haben mit der malerei begonnen, und erst einige jahre später kam die plastik hinzu. seither entstehen plastiken und bilder zeitlich nebeneinander. die bilder entstehen auf der basis geometrischer strukturen, die einerseits der ordnung und andererseits der objektivierung der farben dienen. in welchem verhältnis stehen malerei und plastik zueinander?

bei der suche nach einwirkungsmöglichkeiten auf den betrachter bin ich dazugekommen, der farbe, der anwendung ihrer quantitäten, der rhythmen, der vibrationen, eine wesentliche funktion beizumessen. dies konnte ich in der plastik bisher nicht erreichen. die plastik ist vielleicht in ihrem ausdruck präziser, weil sie als objekt leichter mit der übrigen umwelt konfrontiert werden kann. die malerei hingegen ist entmaterialisierter, ihre wirkung beruht auf der farbstrahlung. ein relativ kleines bild oder eine grafik haben deshalb schon eine entscheidende auswirkung auf den raum und den betrachter. plastik jedoch, solange sie nicht grosse dimensionen annimmt, muss immer gegenstand bleiben, unabhängig von ihrem eventuellen symbolgehalt, der seinerseits nicht an die dimension gebunden ist.

glauben sie daran, dass kunst veränderung bewirken kann, das heisst den, der sich damit auseinandersetzt und damit lebt, sensibler, kritischer, offener gegenüber der umwelt macht?

es ist erwiesen, dass kunstwerke auf die menschen einen einfluss haben. ich strebe an, dass zum beispiel ein bild, durch die art seiner farbigkeit, stimmung, kompositionsidee, im betrachter positive einflüsse auslöst, zum beispiel aktivierung, beruhigung, konzentration, harmonie. eine plastik soll neue raum- und volumenerkenntnisse hervorbringen, neue kenntnisse und emotionen.

sind sie überzeugt davon, kunst habe in der heutigen welt, kompromittiert durch überproduktion, überkommunikation und kommerzialisierung, eine chance? das alles sind doch zwänge, denen sich besonders der erfolgreiche künstler kaum entziehen kann?

ich bin der auffassung, dass die kunst die einzigartige chance hat, einen gegenpol zu bilden gegenüber einer übertechnisierten, verschmutzten und verkommerzialisierten konsumwelt. das mit relativ geringem materiellen aufwand, jedoch durch mehr geistige disziplin.

nun noch etwas ganz anderes: was würden sie tun, wenn sie ohne jede einschränkung, auch finanzieller art, eine gestaltungsidee verwirklichen könnten?

im idealfall eine stadt bauen mit allem, was dazu gehört, oder eingeschränkt ein städtisches kulturzentrum (civic center), enthaltend ein museum über die entwicklung der kultur, nicht nur der kunst, und dieses thematisch zu gestalten. das heisst mit gestalterischen mitteln eine umgebung zu schaffen, die attraktiv, erholend und gesellschaftsbildend sich auswirkt.

schtatt e schtadt e schtatt. 1973. modellaufnahme.
proposition für die beziehung von halbierten würfeln in memoriam arthur lejwa.
ausgeführt in jerusalem 1985

die feste hälfte einer kugel. 1972
schwarzer schwedischer granit. ⌀ 80 cm

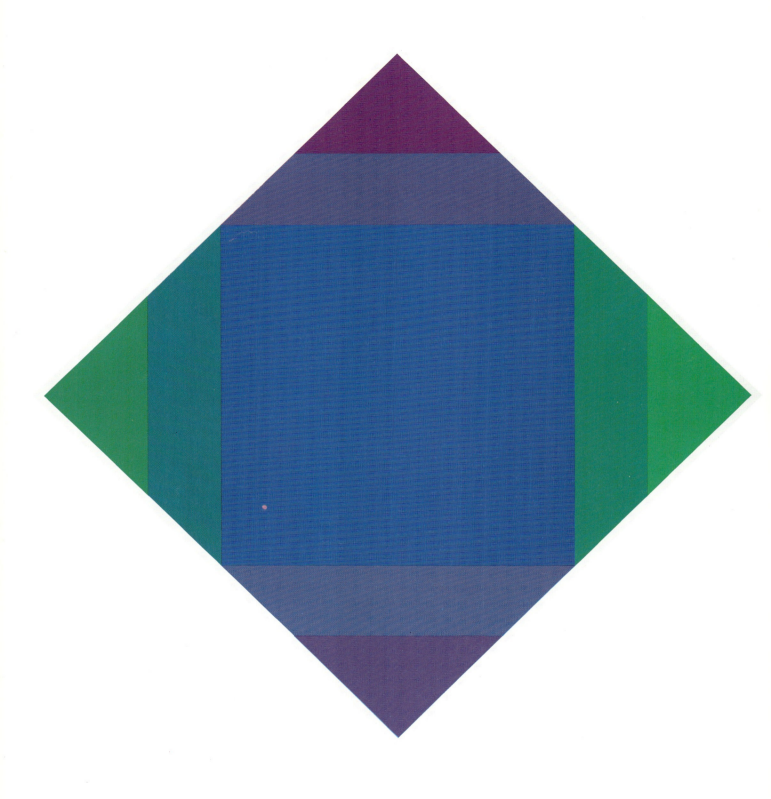

strahlung aus blau. 1972–73
öl auf leinwand. diagonal 88 cm

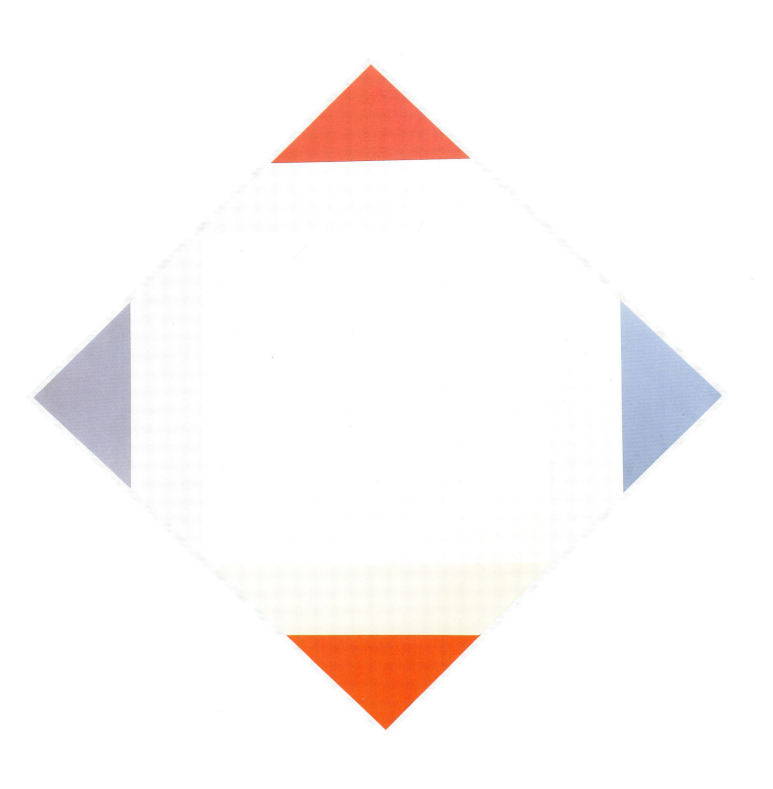

aus weiss wird rot und blau. 1972–73
öl auf leinwand. diagonal 114 cm

system von fünf farbgruppen.
1971–1972
öl auf leinwand. 200 × 40 cm

strahlung von vier gleichen farbquanten. 1972–73
öl auf leinwand. diagonal 283 cm

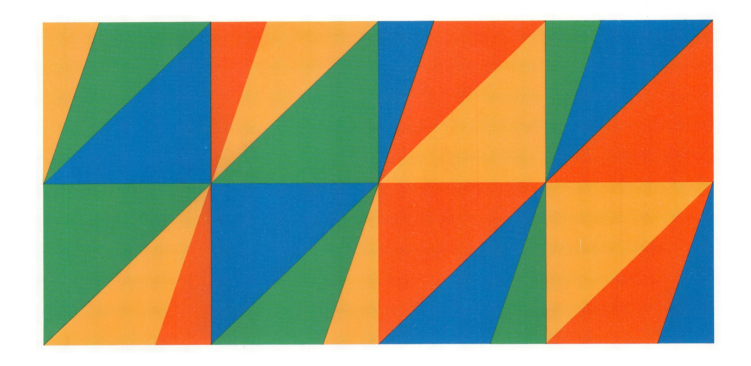

vier quantengleiche farben in acht gleichen feldern. 1973
öl auf leinwand. 90×180 cm

transcoloration von fünf gleichen
farbquanten. 1973
öl auf leinwand. 300 × 60 cm

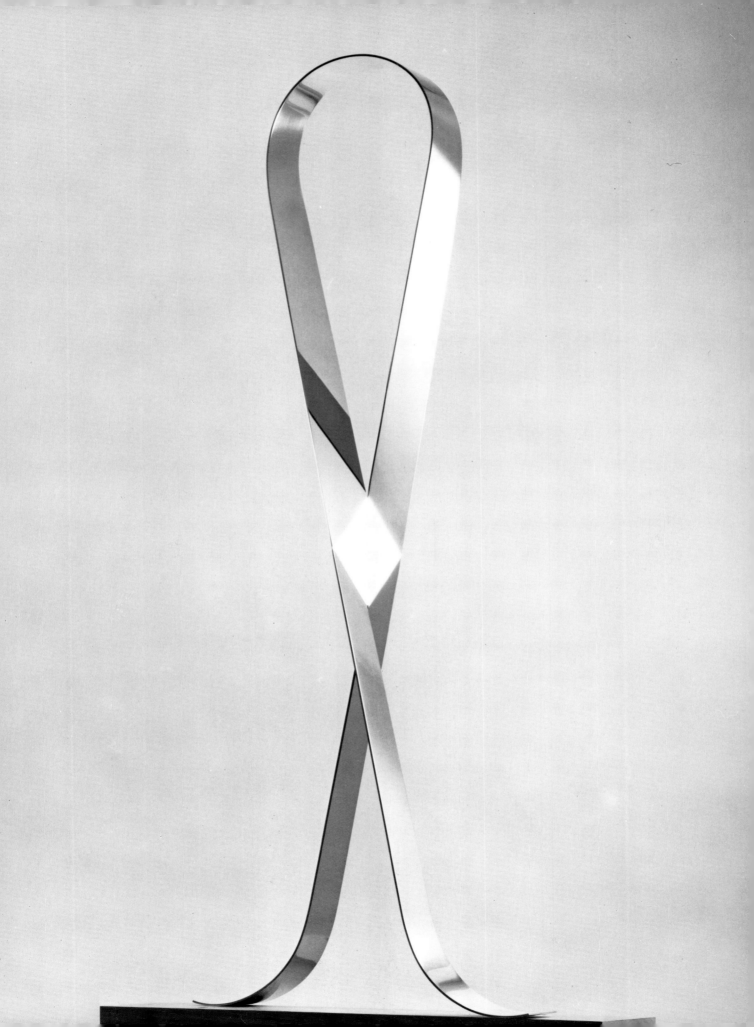

sechseckfläche um zwei quadrate.
1973
chromnickelstahl. h = 340 cm

balance mit vier gleich mächtigen farbquanten.
1973
öl auf leinwand. 200 × 50 cm

die folge von 16 constellationen ist eine geschlossene reihe über das thema von drei kreisbögen gleicher länge.

dieses thema war 1944 erstmals die idee eines bildes aus drei kreisbögen, womit meine untersuchungen über die vibration der farben begannen, an den rändern wo diese zusammenstossen. 1945 entstand aus diesem thema eine lithografie «vier betonungen gleicher länge». in einem bild aus dem gleichen jahr waren die vier linien in vier verschiedenen farben gemalt. die vierte linie war eine gerade, die sich nur durch rechnen, also nicht durch die kreisteilung, ergab und weshalb diese vierte linie für die folge «16 constellations» weggelassen wurde. diese liniengruppierungen wurden erstmals 1960 wieder aufgenommen in 6 constellationen als begleitung zu 33 constellationen von eugen gomringer (tschudi-verlag, st. gallen/quadratbücher 11).

mein freund gualtieri si san lazzaro publizierte 1938 mein album «fünfzehn variationen über ein thema» (paris, édition des chroniques du jour). er wünschte eine neue reihe zu publizieren.

einige wochen nach der fertigstellung der *16 constellations* starb gualtieri di san lazzaro, der verdiente schriftsteller und herausgeber der zeitschrift *XXème siècle*, am 7. september 1974.

max bill

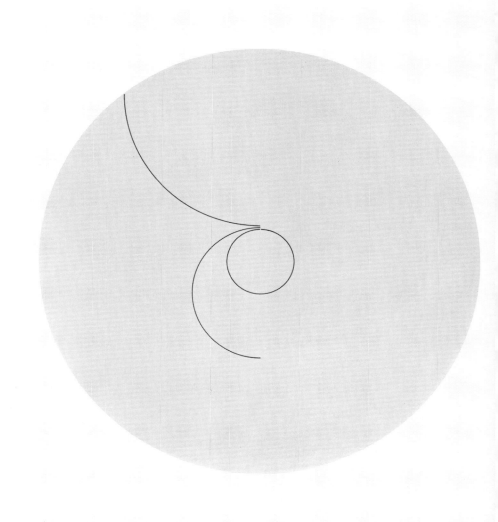

fläche aus einer spirale. 1974
messing vergoldet. 77 × 50 × 62 cm

16 constellations. 1974
16 lithografien. 36 × 50,5 cm, blatt I

unendliche spiralfläche. 1973–74
chromnickelstahl, 150 × 420 cm
von rapid-american corp., new york
geschenkt an tel aviv museum. 1985

konstruktion aus fünfzehn prismen in vier
längen. 1973–74
chromnickelstahl, 140 × 420 cm
von rapid-american corp., new york
geschenkt an tel aviv museum. 1985

biel 75, konstruktion aus drei gleichen prismen.
1975
chromnickelstahl, 18 × 20,5 × 18,5 cm

pavillon-skulptur aus sechs rundhölzern. 1969–76
holz und seile, h = 320 cm
ausgeführt schweiz. plastikausstellung biel

reflex aus dunkel und hell. 1975
öl auf leinwand, diagonal 170 cm

wegnehmen und zufügen. 1975
öl auf leinwand. diagonal 141 cm

feststellungen 1978*

man spricht über die heutige kunst oft unter anwendung der begriffe rationalität, mathematik, reihe, struktur, system. solche begriffe benütze ich seit 1936 für die darstellung der nicht-individualistischen, doch individuellen entwicklung der kunst unserer zeit. einzelne meiner texte erfuhren in der folge weltweite publizität, interpretation und fehlinterpretation.

vor einem guten vierteljahrhundert beschrieb ich «die mathematische denkweise in der kunst unserer zeit». damit wies ich einen weg, um die vorher mehr oder weniger schon angewandten gestaltungsprinzipien unter kontrolle zu bringen.

heute weiss ich, dass die mathematik nur eine der möglichen methoden ist, ein nützliches hilfsmittel, mit dem ideen sichtbare gestalt annehmen können und zu dem führen, was ich als konkrete kunst bezeichne. unabhängig von mathematischer reflektierbarkeit weiss ich, dass vorerst das konzept das werk bestimmt, in übereinstimmung von innerer organisation und äusserer erscheinung. das heisst, konzept und resultat müssen eindeutig sein, doch variabilität zulassen, um vom betrachter empfunden und erfahren werden zu können. ein solches werk ist eine einheit, es stellt sich selbst dar.

heute ziehe ich es vor, diesen gestaltungsprozess nicht mehr, wie noch vor dreissig jahren, als mathematische, sondern als logische methode zu bezeichnen. das heisst, jeder teil des kreativen vorganges entspricht schritt für schritt logischen operationen und deren logischer überprüfung.

ähnlich verhält es sich übrigens mit allen meinen tätigkeiten. immer beruhen diese auf der analyse des problems, mit dem ziel einer logischen, überprüfbaren lösung. der unterschied zwischen den täglich sich stellenden gestaltungsproblemen und den werken der malerei und plastik ist lediglich ein gradueller, nicht ein prinzipieller. währenddem die probleme des bauens, der objekt-gestaltung, der erziehung oder politische entscheide auf grund ihrer komplexen funktionen gelöst sein müssen, ist die funktion von werken der malerei und plastik eindeutig. ihre gebrauchsfähigkeit beruht auf ihrer geistigen benützbarkeit. sie sind innerhalb unserer zur hauptsache nach der materiellen gebrauchsfähigkeit und der

einheit aus heller und dunkler farbgruppe.
1975–76
öl auf leinwand, 120×120 cm

kommerziellen opportunität ausgerichteten gegenstandswelt, über diese hinausreichend, gegenstände für den geistigen gebrauch.

max bill

* vorstehender text ist eine zusätzliche feststellung, geschrieben als ergänzung zu meinen sechs aufsätzen in der monografie von eduard hüttinger (1977 abc-verlag zürich) und dem dort publizierten interview mit margit staber. jene sieben texte sind eine knapp-möglichste sachbezogene auswahl aus den gegen dreihundert abhandlungen, vorlesungen, kritiken und reden, die geschrieben vorliegen. es wird deshalb niemanden wundern, der die «feststellungen 1978» liest, dass diese nicht alle meine aufgeschriebenen gedanken enthalten können, geschweige die nicht aufgeschriebenen.
m. b.

fünfeckfläche im raum mit vollem kreisumfang. 1977
messing vergoldet. 60 × 48 × 30 cm

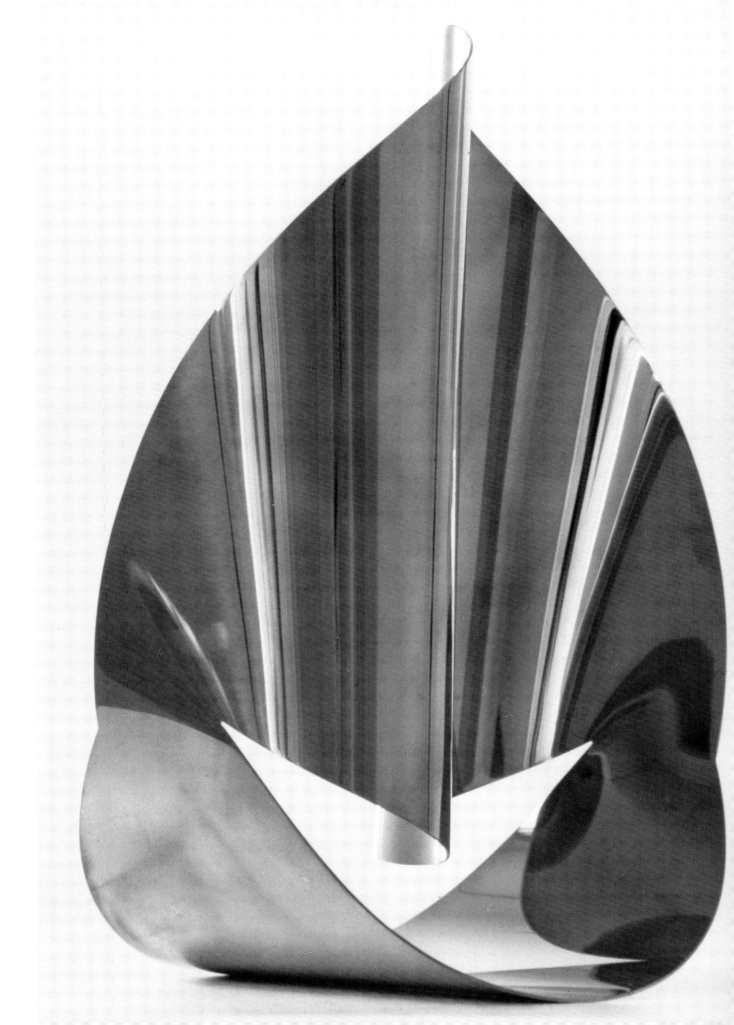

durchdringungen. 1976
öl auf leinwand. 80 × 80 cm

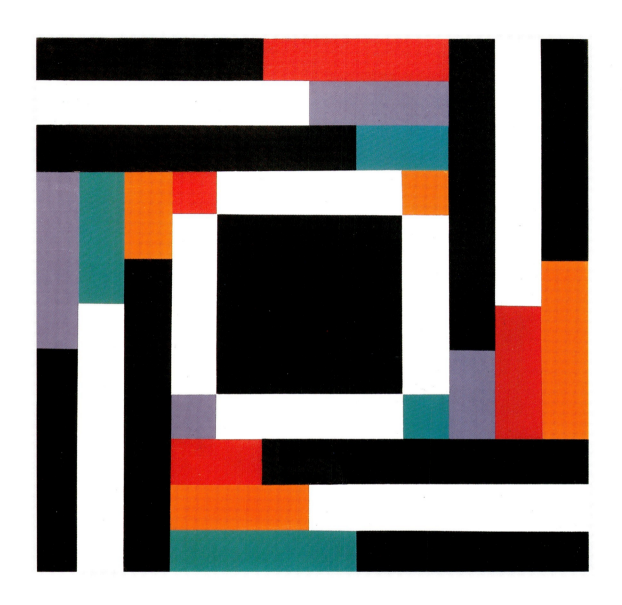

gleiche farbquanten zu schwarz/weiss. 1977
öl auf leinwand. 80 × 80 cm

$(3:4:5^2)$. 1980
öl auf leinwand. 62:62 cm

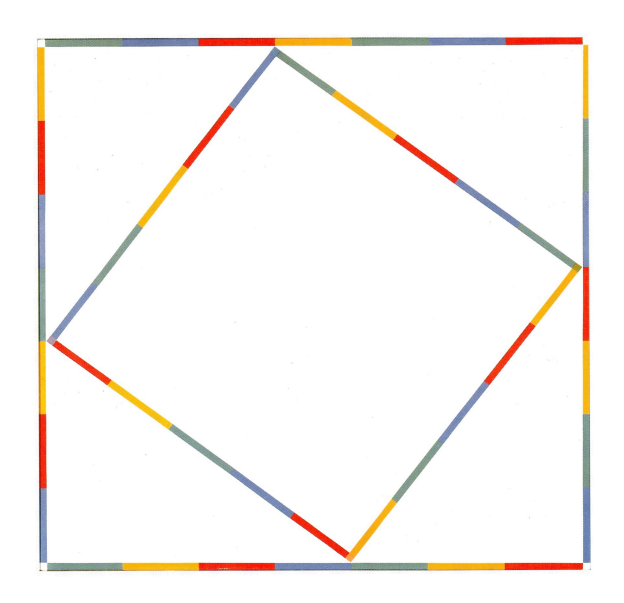

rhythmus 3:4:5 aus vier hauptfarben. 1980
öl auf leinwand. 120×120 cm

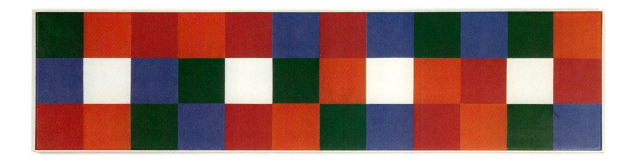

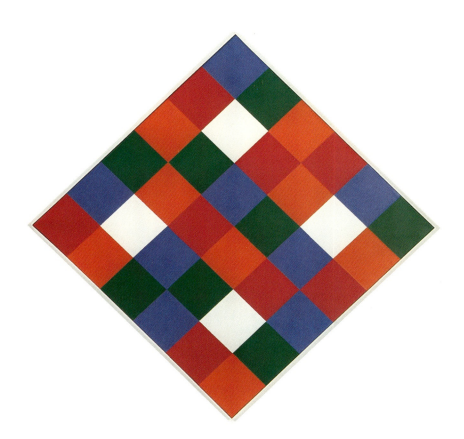

gruppe von vier ähnlichen farbordnungen in reihe. 1980
öl auf leinwand. 40 × 160 cm

gruppe von vier ähnlichen farbordnungen um
4farbiges zentrum. 1980
öl auf leinwand. diagonal 114 cm

konstruktion um das thema 3:4:5 II. 1980–81
öl auf leinwand. 200 × 200 cm

rotation um sich ausdehnendes weiss. 1971–78–81
(version 1981)
öl auf leinwand. diagonal 283 cm

entwicklung von zwei bis acht. 1981
öl auf leinwand. 120 × 120 cm

vierfarbiger rhythmus um weiss. 1982
öl auf leinwand. 130×70 cm

einheit aus vier kontrastgruppen. 1982
öl auf leinwand. 95×160 cm

system aus sechs ähnlichen farbreihen, ein pythagoräisches
dreieck bildend. 1978–82
öl auf leinwand. 150 × 150 cm

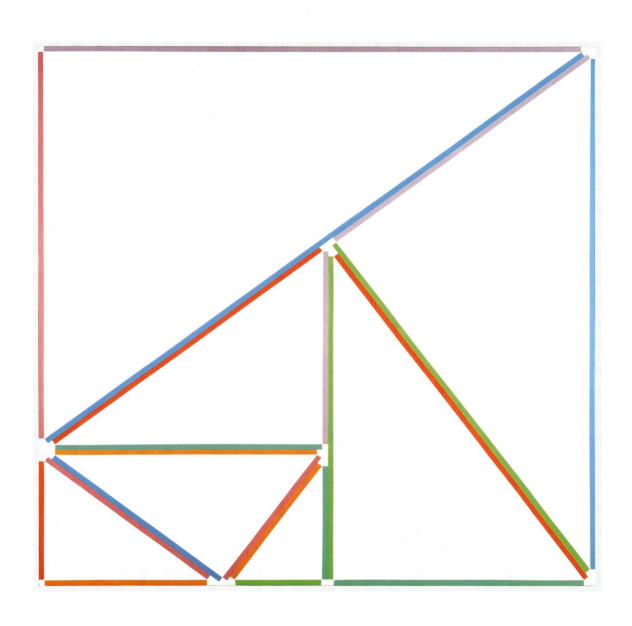

7 farben zu 7 pythagoräischen dreiecken im quadrat. 1980–82
öl und acryl auf leinwand. 150 × 150 cm

243

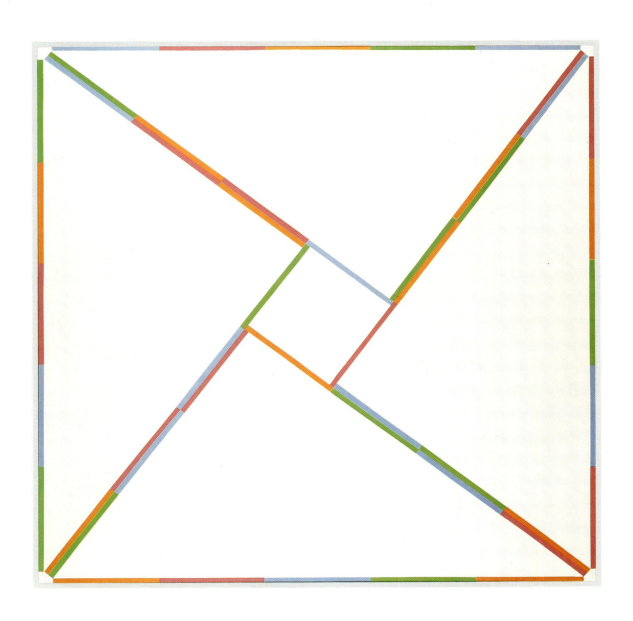

vier zwölfergruppen im weissen feld. 1982
öl und acryl auf leinwand. 150 × 150 cm

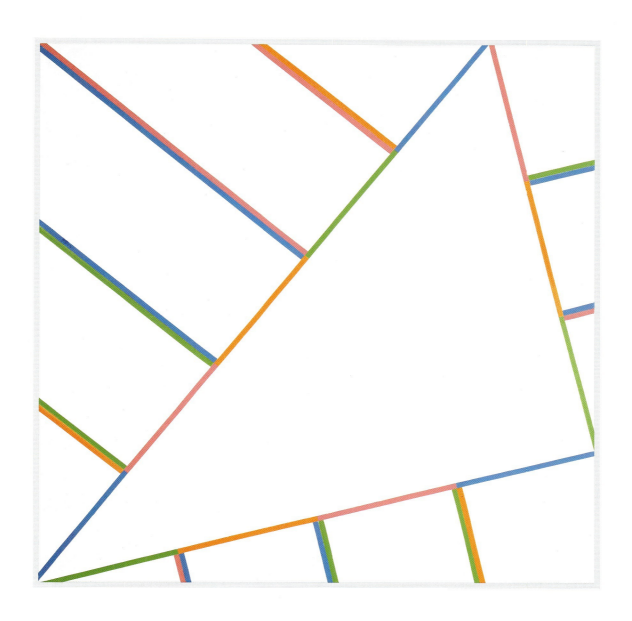

doppelfarben um pythagoräisches dreieck. 1982–83
öl auf leinwand. 120×120 cm

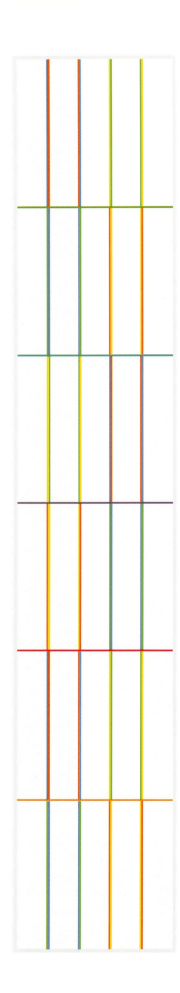

sechs dreiteilige linienzüge. 1983
öl auf leinwand. diagonal 283 cm

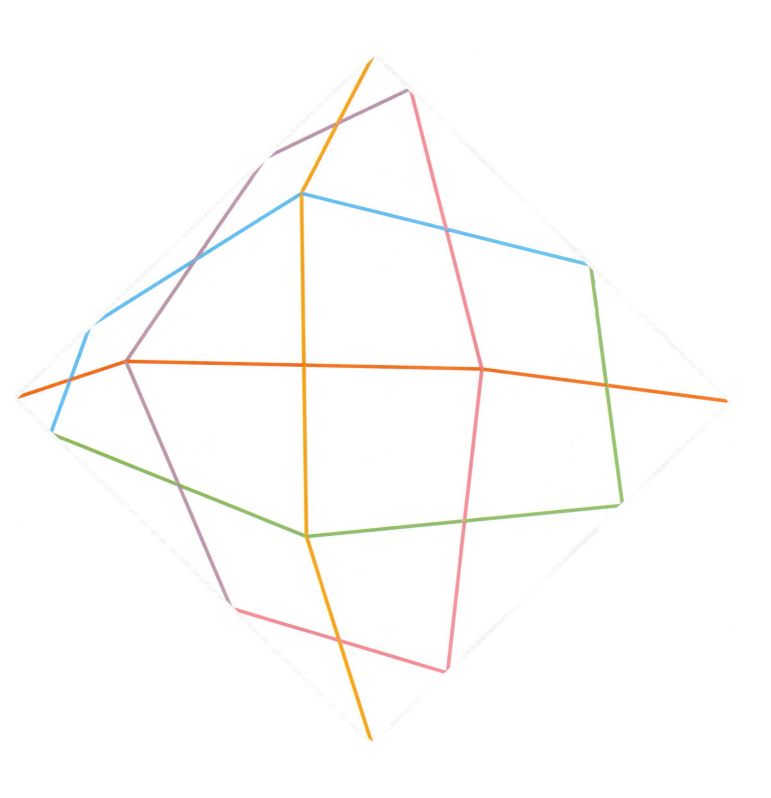

rhythmus in sechs feldern. 1983
öl und acryl auf leinwand. 300 × 50 cm

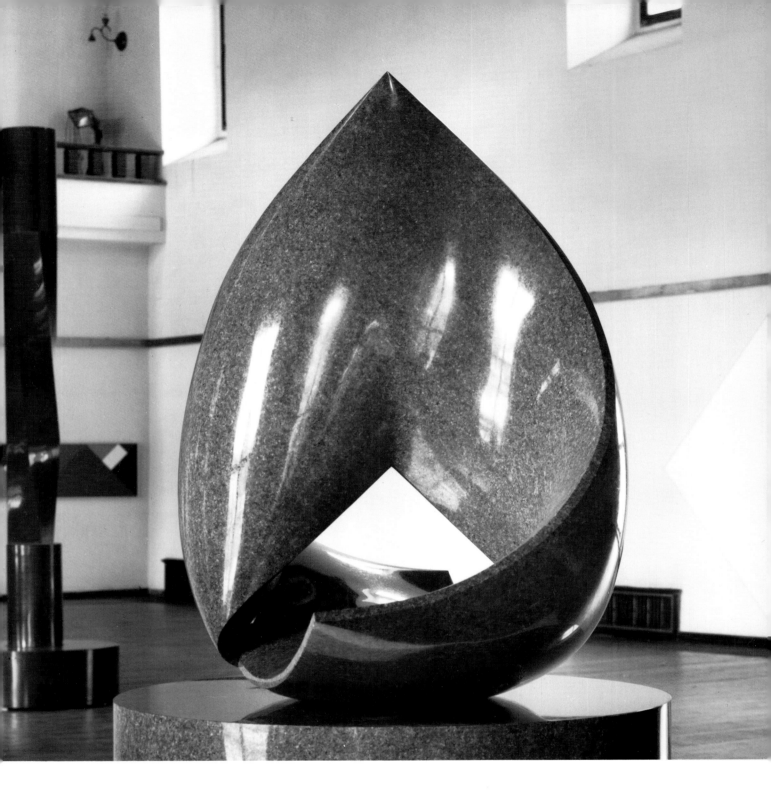

doppelfläche mit sechs rechtwinkligen ecken. 1948/79
tranas-granit (ausführung 1986). 164 × 86 × 140 cm

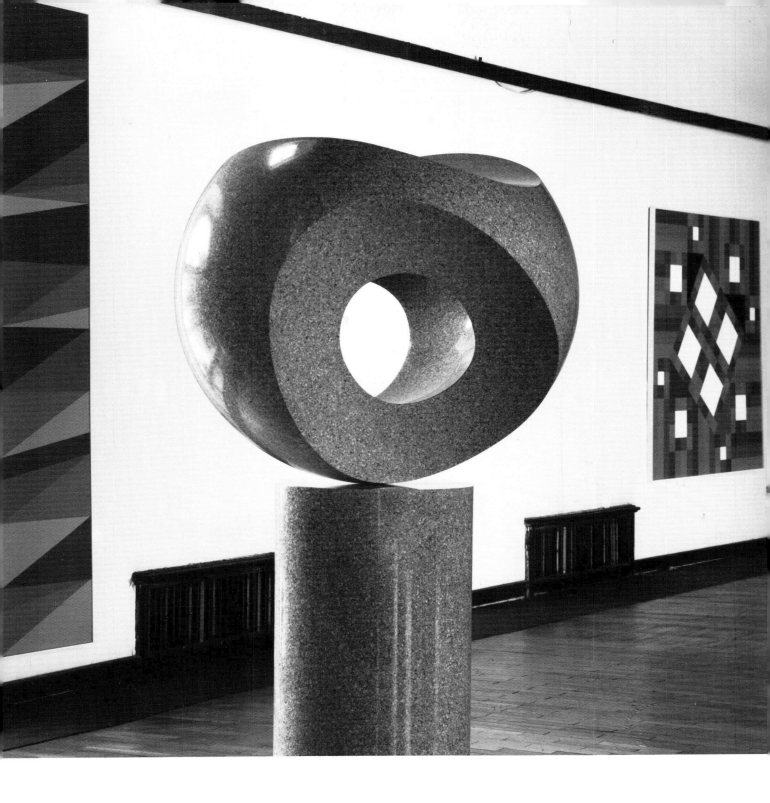

kugelschale mit drei gleichen ausschnitten. 1978–83
granit. ⌀ 100 cm (ohne sockel)

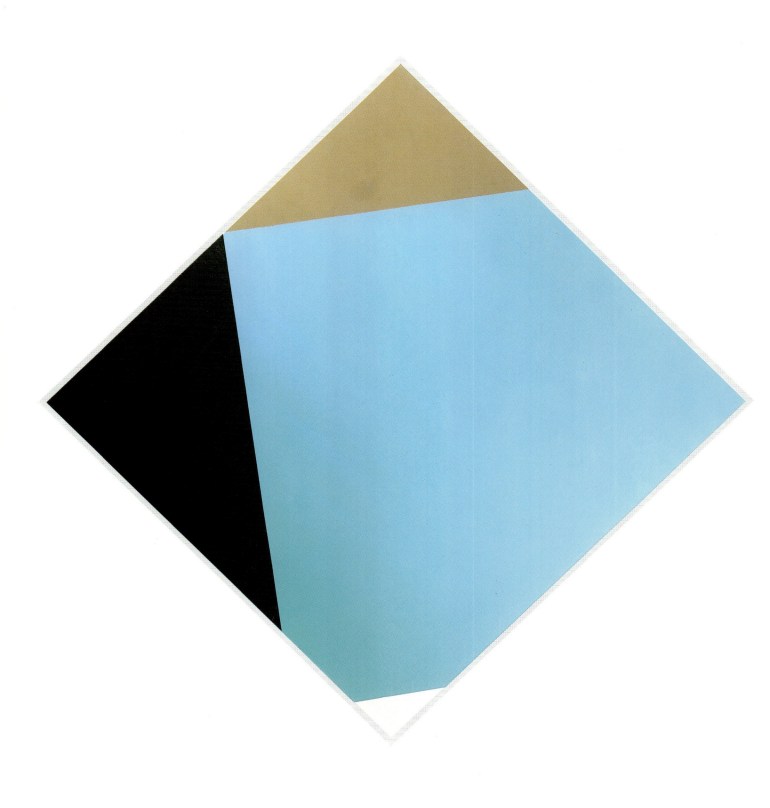

transcoloration von schwarz zu weiss. 1980–85
öl auf leinwand. diagonal 141 cm

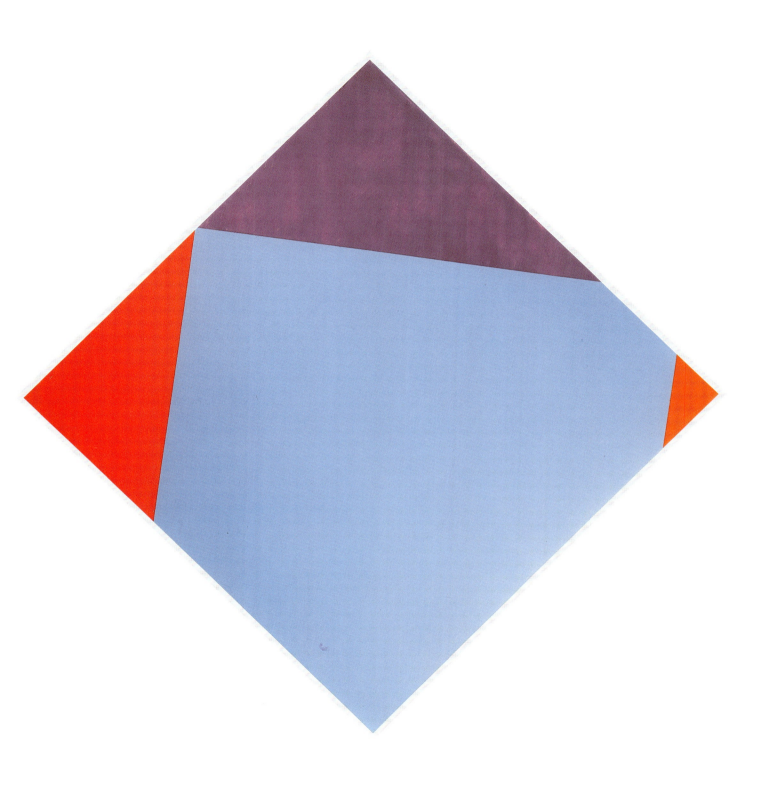

verwandlung von blau zu rot. 1984–85
öl auf leinwand. diagonal 141 cm

drei schwarz und drei bunt zu weiss. 1983
öl auf leinwand. diagonal 283 cm

einheit aus kugel und endloser spirale. 1978–83
montorfano-granit. ⌀ 110 cm

strahlung aus gleichen farbquanten. 1984
öl auf leinwand. 50 × 300 cm

gegenläufige quantengleichheit. 1984
öl auf leinwand. 150 × 50 cm

gegenläufige progression. 1985
öl auf leinwand. 30 × 120 cm

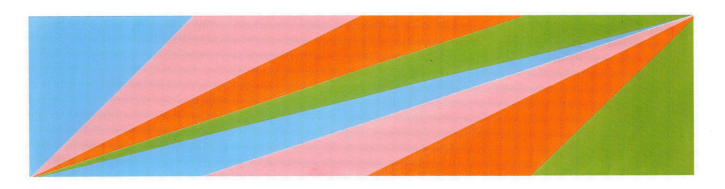

vier farben gleicher menge. 1985
öl auf leinwand. 30 × 120 cm

rhythmus in fünf farben. 1985
öl auf leinwand. 100 × 100 cm

progression mit vier quantengleichen farben parallel geordnet.
1985
öl auf leinwand. 120 × 120 cm

durch drei zonen (bild x). 1985–86
öl auf leinwand. 75 × 180 cm

durch drei zonen (bild z). 1985–86
öl auf leinwand. 75 × 180 cm

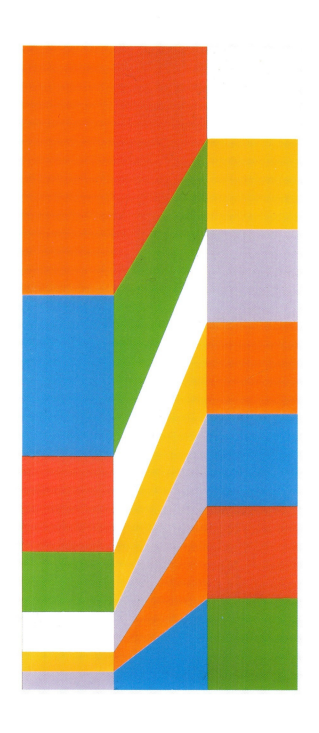

durch drei zonen (bild y). 1985–86
öl auf leinwand. 180×75 cm

die funktion der künste

es darf als bekannt gelten, dass die künste in ihren verschiedenen erscheinungen als nahrung und heilmittel für den menschlichen geist gelten. neben hervorragenden werken der musik erfüllen speziell die konkrete malerei und plastik durch ihre spezifischen charakteristiken eine wichtige gesellschaftliche funktion.

nach einer pionierzeit im ersten drittel unseres jahrhunderts wurde das neue vokabular für eine künftige kunst weiter entwickelt und erprobt. es entstanden in der folge breit gefächerte ausdrucksmöglichkeiten individueller prägung. viele davon in form von entdeckungen neuer farb-form-raum-beziehungen. alle mit dem grundthema: harmonie in rhythmus und spannung. alte und neue disziplinen führten zu den verschiedenartigsten realisationen. die konkrete kunst, die abstrakte gedanken in neuen, bisher unbekannten objekten kristallisiert, hat sich in der nachkriegszeit weltweit verbreitet. ihre hervorragende aufgabe ist es, der gesellschaft und dem einzelnen harmonische objekte zur verfügung zu stellen.

persönlich bin ich davon überzeugt, dass kunst eine positive einwirkung haben soll auf das befinden der menschen. ich versuche deshalb immer dieses ziel zu erreichen mit möglichst präzisen, von mir logisch kontrollierbaren mitteln, die vom betrachter empfunden, ja nachvollzogen werden können. ein solches vorhaben bedingt eine positive einstellung zu den bedürfnissen der mitmenschen und zur entwicklung der gesellschaft. dass nun vor allem der konstruktiven richtung innerhalb der konkreten kunst von den vertretern anderer philosophien etwas gegenteiliges entgegengesetzt wird, das als motiv die weltangst, das abbild geballter agression bis zur verarbeitung des zivilisationsabfalls zum thema wählt und zum ausdruck bringt und damit weltweit erfolg hat, ist verständlich. zeigt solches doch das beängstigende, erregende abbild unserer umwelt für ein abbildungshungriges konsumbedürfnis. die konstruktive konkrete kunst erstrebt und bietet das gegenbild, das geistige heilmittel. die konkrete kunst ist der einzige positive beitrag gegen konsumzwang, verschleiss und allgemeiner aggressivität. sie bedeutet eine gegenwwart, die in die zukunft weist.

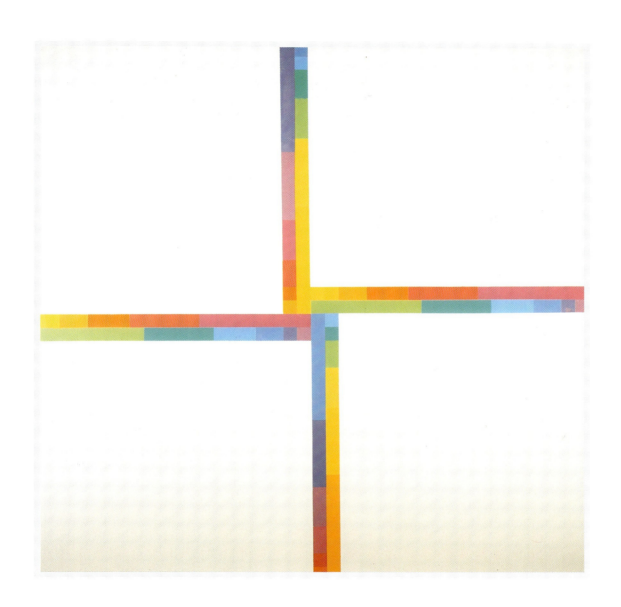

vier doppelfarbige progressionen um vierfarbigen kern. 1986
öl und acryl auf leinwand. 200 × 200 cm

gegenläufige farbrotation. 1985/86
öl auf leinwand. 60 × 30 cm

rotierende auswechslungen. 1986
öl auf leinwand. diagonal 212 cm

transcoloration zu schwarz oder weiss. 1986–87
öl auf leinwand. diagonal 212 cm

sechs trapezförmige quantengleiche farben als hälfte des
quadrierten feldes. 1987
öl und acryl auf leinwand. diagonal 170 cm

1–6 in drei farben zu weiss und schwarz. 1985–87
öl und acryl auf leinwand. 150 × 150 cm

fünf farben zu schwarz und zu weiss. 1987
öl und acryl auf leinwand. 200 × 200 cm

1949. max-bill-räume in der ausstellung pevsner, vantongerloo, bill, kunsthaus zürich.

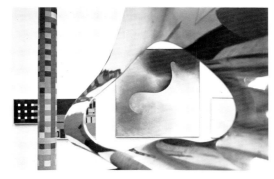

1950. teilansicht aus der retrospektive im museu de arte, são paulo.

1968–69. gesamtausstellung im kunsthaus zürich.

einzelausstellungen

1928
bauhaus, dessau (mit albert braun)
1929
atelier des künstlers, zürich
1930
kunsthalle, bern (mit probst, steck, vallotton, von may)
1939
kunstmuseum, basel (fünfzehn variationen über ein thema)
1943
kunststuben im rösslyn, zürich (mit wiemken und leuppi)
1946
galerie des eaux-vives, zürich
1948
galerie hermann, stuttgart (mit albers und arp)
1949
galerie d'art moderne, basel
galerie gerd rosen, berlin (mit albers)
kunsthaus, zürich (mit pevsner und vantongerloo)
1950
museu de arte moderna de são paulo, são paulo (retrospektive)
1951
kunstverein, freiburg i. br. (mit bissier und vantongerloo)
1956–57
retrospektive wanderausstellung:
ulmer museum, ulm
die neue sammlung, staatliches museum für angewandte kunst, münchen
städtisches kunstmuseum, duisburg (jetzt wilhelm-lehmbruck-museum der stadt duisburg)
städtisches karl-ernst-osthaus-museum, hagen
1957
helmhaus, zürich (zürcher kunst-gesellschaft)
1958
biennale di venezia, pavillon suisse, venezia
galerie suzanne bollag, zürich (mit hartung und poliakoff)
1958–59
galerie suzanne bollag, zürich
1959
kunsthalle, basel (mit aeschbacher, linck und müller)
galerie gelbes haus, st. gallen

1959
städtisches museum leverkusen, schloss morsbroich, leverkusen
studio f, ulm
1960
staatsgalerie, stuttgart
kunstmuseum, winterthur
galerie suzanne bollag, zürich
galerie im ronca-haus, luzern
1961
galerie du perron, genève
galerie anna roepke, wiesbaden
1962
galerie hilt, basel
1963
galerie suzanne bollag, zürich
galerie gimpel & hannover, zürich
staempfli gallery, new york
pace gallery, boston
studio f, ulm
1964
galleria cadario, milano
galerie suzanne bollag, zürich
galleria del deposito, genova-boccadasse
galleria dell'accademia, roma
1965
galerie aktuell, bern
(op)-art galerie, esslingen
galleria flaviana, locarno
galerie suzanne bollag, zürich
galerie 58, rapperswil
gemeindehaus, uster
1966
staempfli gallery, new york
galerie suzanne bollag, zürich
galerie hilt, basel
hanover gallery, london
1967
galerie im erker, st. gallen
1968
kunsthalle, bern
kestner-gesellschaft, hannover
kunstverein für die rheinlande und westfalen, düsseldorf
haags gemeentemuseum, den haag
musée des beaux-arts, la chaux-de-fonds
albrecht-dürer-gesellschaft, kunsthalle, nürnberg
galerie aurora, genève (mit le corbusier)
1968–69
kunsthaus, zürich
galerie suzanne bollag, zürich
1969
arts club of chicago, chicago

1969. sonderausstellung innerhalb der biennale nürnberg.

1970. ausstellung im san francisco museum of art.

1972. retrospektive im musée rath, genf.

1974. ausstellung in der marlborough galerie, london.

galleria la bertesca, genova
galleria la polena, genova
galleria vismara, milano
galerie godard lefort, montreal
staempfli gallery, new york
biennale 1969 nürnberg, kunsthalle, nürnberg
galerie denise rené, paris
galleria martano/due, torino
galerie bischofberger, zürich
centre national d'art contemporain, paris
1969–70
musée de peinture et de sculpture, grenoble
1970
biennale di venezia (linea di ricerca), venezia
edition bischofberger, zürich
galerie loeb, bern
neue galerie, baden-baden
galerie im weissen haus, winterthur
san francisco museum of art, san francisco
galerie appel und fertsch, frankfurt
galleria del cavallino, venezia
white gallery, lutry
galleria arte studio, macerata
galerie design l, hamburg
galerie fürneisen, hamburg
galleria d'arte «peccolo», livorno
galleria del cortile, roma
galerie klubschule, zürich
staempfli gallery, new york
1971
gallerie reckermann, köln
galerie denise rené, paris
galerie suzanne bollag, zürich
galerie im erker, st. gallen
galerie denise rené/hans mayer, kunstmarkt, köln
1972
musée rath, genéve
galleria lorenzelli, milano
marlborough galerie, zürich
kunstmuseum, aarhuis
galerie hauswedell, baden-baden
marlborough-godard, ltd., toronto
marlborough-godard, ltd., montreal
1973
galerie 58, rapperswil
1973–74
galerie ziegler, genève
1974
marlborough fine art, london
galleria lorenzelli, bergamo
galerie media, neuchâtel

galleria medea, milano
marlborough galerie, zürich
galerie watari, tokyo
1974–75
retrospektive wanderausstellung:
albright-knox art gallery, buffalo, n.y.
los angeles county museum of art, los angeles
san francisco museum of art, san francisco
corcoran art gallery, washington
1975
comsky gallery, los angeles
art institute, san francisco
marlborough gallery, new york
galleria «effemeridi», bologna
1976
retrospektive wanderausstellung:
kunsthalle, hamburg, und museum für kunst und gewerbe, hamburg
akademie der künste, berlin
württembergischer kunstverein, stuttgart
1976
galleria lorenzelli, milano
1977
centro studi e archivo della communicazione/arte contemporanea in pilotta, parma
seedamm-kulturzentrum pfäffikon/schwyz
galerie wengihof, zürich mit jakob bill
galerie «f», ulm
galerie denise rené á la fiac, paris
schloss-galerie stadt arbon, arbon
1978
artline, den haag
städtische galerie «quadrat», bottrop
galleria lorenzelli, milano
1979
galeria cadaqués, cadaqués
galerie bossin, berlin
gallery watari, tokyo
museo de bellas artes, caracas/venezuela
1980
waaghaus, winterthur
museo espanol de arte contemporaneo, madrid
fondazion juan mirò, barcelona
villa malpensata, lugano
galerie eude, barcelona
galerie seestrasse, rapperswil
galerie erker, st. gallen
artline, den haag
galerie bossin, berlin
1981
galerie bühler, biel

1981. padua. ehrensaal an der 13. biennale internazionale del bronzetto piccola scultura

1985. ausstellung in der kartause ittingen / museum das kantons thurgau

1985. installation im palazzo comunale todi

1987. retrospektive in der kunsthalle weimar

gallery watari, tokyo
13. internat. biennale der kleinskulptur, padua/max bill, sonderschau
1982
galerie 63, klosters/mit gideon graetz
galerie 63, klosters/mit jakob bill
galerie bossin, berlin
mönchehaus-museum für moderne kunst, goslar
galerie denise rené, paris
galerie denise rené/hans mayer, düsseldorf
gimpel-hanover + andré emmerich galerie, zürich
«max bill – 20 werke aus 20 jahren»
galerie bossin, berlin
1983
galleria narciso, turin
rathaus, uster/skulpturen aus granit
erker-galerie, st. gallen
galerie werd, zürich
galerie betram, burgdorf
jakob bill & max bill
galerie hesz, augsburg
galerie lopes, zürich
gimpel-hanover + emmerich galerien, zürich
helmhaus zürich, ausstellung der präsidialabteilung zum 75. Geburtstag
1984
kunstmuseum winterthur
«hommage à max bill»
galerie hesz, münchen
galleria narciso, torino
chicago international art exhibition, galerie denise rené/haus mayer, sonderschau
lippische gesellschaft für kunst e.v., schloss detmold
deutsche bank, hamburg
lithos und siebdrucke wanderausstellung bis 1986, u. a. in wiesbaden, düsseldorf, viersen, kassel, reutlingen, berlin, wilhelmshaven, nürtingen, freiburg i. br.
art cologne, 19. int. kunstmarkt, köln
galerie edith wahlandt, einzelausstellung
1985
galerie wolfgang ketterer, münchen
galerie teufel, köln
galleria lorenzelli, milano
kartause ittingen, museum des kantons thurgau
max bill, palazzi communali, todi
galerie edith wahlandt, stuttgart
1986
kunsthalle mücsarnok, budapest retrospektive

1987
nationalgalerie belgrad, retrospektive
kunsthalle weimar, retrospektive
nationalgalerie prag, retrospektive
kunsthalle «schirn», frankfurt a. m.

illustrierte kataloge zu einzelausstellungen meist mit texten von max bill

zürich. kunststuben im rösslyn. 1943.
malerei in der schweiz seit 1900 bis heute: surrealismus und konstruktivismus: wiemken, bill, leuppi. text von georg schmidt, leo leuppi.
stuttgart. galerie herbert herrmann. 1948.
albers, arp, bill. texte von hans hildebrandt, max bill.
zürich. kunsthaus. 1949.
pevsner, vantongerloo, bill.
texte von wilhelm wartmann, antoine pevsner, georges vantongerloo, max bill.
freiburg im breisgau. kunstverein. 1951.
bill, bissier, vantongerloo.
texte von siegfried bröse, max bill, julius bissier, georges vantongerloo.
ulm. museum, 1956.
texte von max bill, will grohmann, ernesto n. rogers.
zürich. helmhaus, 1957.
texte von r. wehrli, max bill.
venezia. 29. biennale di venezia, pavillon suisse, 1958.
text von franz meyer.
leverkusen. museum schloss morsbroich, 1959.
texte von udo kultermann, eugen gomringer, max bill.

1974. gesamtausstellung in der albright-knox art gallery, buffalo, n.y., usa.

1974–75. gesamtausstellung im los angeles county museum.

1976. gesamtausstellung im württembergischen kunstverein stuttgart

stuttgart. staatsgalerie, 1960.
text von adolf max vogt.
winterthur. kunstmuseum 1960.
text von eduard plüss.
genève. galerie du perron, 1961.
texte von ernesto n. rogers, will grohmann.
milano. galleria cadario, 1964.
text von umbro apollonio.
genova. boccadasse, galleria del deposito, 1964.
text von margit staber.
locarno. galleria flaviana, 1965.
texte von r. bianda, max bill, margit staber.
basel. galerie hilt, 1966.
interview mit max bill von rudolf pollozek.
new york. staempfli gallery, 1966.
text von margit staber.
london. hanover gallery, 1966.
text von max bense.
st. gallen. galerie im erker, 1967.
texte von will grohmann, max bense, max bill.
bern. kunsthalle, 1968.
texte von adolf max vogt, max bill.
hannover. kestner-gesellschaft, 1968.
texte von wieland schmied, will grohmann, max bense, max bill.
düsseldorf. kunstverein für die rheinlande und westfalen, 1968.
texte von karl-heinz hering, will grohmann, max bense, max bill.
den haag. haags gemeentemuseum, 1968.
texte von l.j.f. wijsenbeek, will grohmann, max bill (holländisch).
zürich. kunsthaus, 1968.
texte von rené wehrli, georg schmidt, will grohmann.
nürnberg. albrecht-dürer-gesellschaft, kunsthalle nürnberg, 1968. max bill – das druckgrafische werk bis 1968. texte von zdenek felix, max bill, adolf max vogt.
genova. galleria la polena, 1969.
text von orlandini.
nürnberg. biennale 1969 nürnberg, kunsthalle nürnberg, 1969.
konstruktive kunst: elemente und prinzipien.
text von margit staber zur spezialausstellung von max bill.
torino. galleria martano/due, 1969.
text von max bill.
paris. centre national d'art contemporain, 1969.

musée de peinture et de sculpture, grenoble. 1970.
texte von maurice besset, max bill, harald szeemann.
venezia. galleria del cavallino, 1970.
text von ernesto luciano francalanci.
livorno. galleria d'arte «peccolo», 1970. text von luigi lambertini.
paris. galerie denise rené, 1971.
text und zeichnungen von max bill.
genève. musée rath, 1972.
texte von valentina anker und max bill (französisch).
zürich. marlborough galerie, 1972.
recent works/neue werke, max bill beantwortet fragen von margit staber.
toronto. marlborough-godard, ltd., & *montreal,* marlborough-godard, ltd. 1972.
surfaces, enthält zwei essays: «the principle and the individual case; theoretical notes on max bill», von max bense, und «how i started making single-sided surfaces», von max bill.
london. marlborough fine art, & *zürich,* marlborough galerie, 1974.
auszüge aus kritiken aus den jahren 1936–73, ausgewählt von margit staber, texte in originalsprachen.
buffalo. albright-knox art gallery, 1974, sowie los angeles county museum of art, los angeles, 1974, und san francisco museum of art, san francisco, 1975.
texte von lawrence alloway, james wood, max bill.
hamburg. kunsthalle und museum für kunst und gewerbe, 1976, ebenfalls akademie der künste, berlin 1976, und kunstverein stuttgart, 1976, texte von max bill.
milano. galleria lorenzelli, 1976.
peppo jelmorini
parma. centro studi/pilotta, 1977.
texte von arturo quintavalle, lowrence alloway, valentina anker, umbro appollonio, max bense, maurice besset, eugen gomringer, will grohmann, richard p. lohse, thomas maldonado, orlandini, ernst scheidegger, margit staber, adolf max vogt, james jr. wood, felix zdenek, max bill
pfäffikon. seedamm-kulturzentrum, 1977.
norbert lehmann
düsseldorf. kunstmuseum. 1977–78.
max bill, prinzip seriell, variationen.

1986. einer der vier säle in der kunsthalle mücsarnok, budapest

1935–77. friedrich w. heckmanns.
bottrop. städtisches museum «quadrat». 1978. max bill
milano. galleria lorenzelli, 1978. max bill
caracas. museo de bellas artes, 1979. ricardo axel stein muñes, max bill
madrid. museo español de arte contemporaneo, 1980. gloria moure, margit weinberg-staber, max bill
barcelona. fundation miro. 1980. gloria moure, margit weinberg-staber, max bill
lugano. museo comunale malpensata, 1980. ferrucio pelli. giulio carlo argan, valentina anker, max bill
goslar. mönchehaus (anlässlich der übergabe des kaiserrings), 1982. dieter honisch, umbro apollonio, jürgen paul
zürich. helmhaus, 1983–84. thomas wagner, willi rotzler, adolf wasserfallen, giulio carlo argan, eduardo chilida, kenzo tange, dieter honisch, max bill
köln. galerie teufel, 1984–85. heinz teufel, max bill, friedrich w. heckmanns
milano. lorenzelli arte, 1985. marco meneguzzo, max bill
münchen. galerie wolfgang ketterer, 1985. jörn merkert
todi. palazzi communale, 1985. text von piero dorazio, max bill, giulio carlo argan, will grohmann, luici veronesi, umbro apollonio
frankfurt (u. a.). deutsche bank, 1985/86. eugen gomringer
budapest. kunsthalle mücsarnok, 1986, ildiko nagy, max bill
prag. nationalgalerie, palais waldstein, 1987. jiri kotalik, zdenek kovar, will grohmann, max bill
frankfurt a./m. kunsthalle schirn, 1987. christoph vitali, eduard hüttinger, margit weinberg-staber, max bill

1987. prag. retrospektive in der nationalgalerie / waldstein palais

1946–47. kontinuität. höhe etwa 300 cm. zerstört in zürich 1948.

bibliografie

schriften über max bill
monografien und ausgewählte texte

schmidt, georg. «variations on a single theme in the fine arts», *XXe siècle* (paris), no. 4, 1938.
schmidt, georg. «max bills kontinuität», *werk* (winterthur), band 35, no. 3, 1948.
rogers, ernesto n. «max bill», *magazine of art* (new york), vol 46, no. 5. 1953.
hill, anthony. «max bill, the search of the unity of the plastic arts in contemporary life», *typographica* (london), no. 7, 1953.
maldonado, tomàs (herausgeber): max bill. buenos aires: *editorial nueva visión,* 1955.
gomringer, eugen (herausgeber): max bill, festschrift zum 50. geburtstag. teufen: *arthur niggli,* 1958. texte von max bense, eugen gomringer, will grohmann, r.p. lohse, kurt marti, anni müller-widmann, carlos flexo ribeiro, ernesto n. rogers, ernst scheidegger.
staber, margit. «zu neuen gestaltungen von max bill», *form* (köln), no. 4, 1958.
plüss, eduard. «max bill» im *künstlerlexikon der schweiz,* XX. jahrhundert, frauenfeld: huber & co., 1958.
gregotti, vittorio. «complessità di max bill», *casabella* (milano), no. 228, 1959.
gomringer, eugen. «max bill: vielfalt und einheit der gestalteten welt», *werk* (winterthur), no. 8, 1960. (englisch «max bill, variety and unity of the shaped environment», *architects' year book* [london], no. 10, 1962.)
staber, margit. «max bill und die umweltgestaltung – über die wechselwirkung von theorie und praxis», *zodiac* (milano), no. 9, 1962.
staber, margit. «la scuola di ulm», *casabella* (milano), no. 259, 1962.
bense, max. «max bill 1963», *art international* (lugano), band VII, no. 3, 1963.
staber, margit. max bill. london: *methuen & co.,* 1964, mit bibliografie.
camenzind, alberto. «bilden und gestalten», in *«eine ausstellung bauen.»* darstellung der expo lausanne, 1964. lausanne, *marguerat,* 1965.
staber, margit. «max bill», *art international* (lugano), band X, no. 5, 1966.
farner, konrad. «max bill oder die gerade in der spirale», *tendenzen* (münchen), no. 39, 1966.
mukai, shutaro. «max bill», in *essence of the present design theories,* tokyo: *pelican essence series,* 1966.
staber, margit. «max bill, umweltgestaltung nach morfologischen methoden», *kunst-nachrichten* (luzern), band 4, no. 3, 1967.
clay, jean. «max bill», *réalités* (paris), no. 274, november 1968.
grohmann, will. «thèmes et variations dans l'œuvre de max bill», *XXe siècle* (paris), no. 32, 1969.
bense, max. «argumente für max bill» (1958), «max bill» (1963), «max bill's ästhetische zustände» (1965), in *artistik und engagement,* köln. *kiepenheuer & witsch,* 1970.
staber, margit. max bill. st. gallen: *erker-verlag,* 1971. enthält bibliografie.
bense, max. «le principe et le cas dans l'œuvre de max bill», *XXe siècle* (paris), no. 40, 1973.
staber, margit. «quando pitagora dipinge», *bolaffiarte* (torino), no. 27, 1973.
nueva forma (madrid), september 1973. spezialnummer über max bill.
albéra, françois. «max bill», interview in *art press* (paris), no. 12, 1974.
reichardt, jasia. «max bill: two of his themes», *art international* (lugano), band XVIII, no. 10, 1974.
willing, nancy tobin. «sculptor, painter, mathematician... switzerland's max bill», *the courier express magazine* (buffalo), 29. september 1974.

1957, wanduhr mit voller zahleneinteilung, industrieprodukt.

wood, jim. «bill in buffalo», *the art gallery* (hollycroft, ivoryton, conn., usa), oktober 1974
hughes, robert. «superb puritan», *time* (new york), 18. november 1974.
stiles, knute. «max bill: elective infinities», *art in america* (marison, ohio, usa). mai/juni 1975.
neuburg, hans. «max bill, künstler und politiker», *das neue israel* (zürich), otkober 1975.
forgey, benjamin. «america gets to know the art of max bill», *the washington star/calendar* washington), 9. november 1975.
frampton, kenneth. «on max bill, a review of the albright-knox exhibition catalogue», *opposition* 4 (new york), oktober 1974.
keller, dominik. «max bill», einleitung zu «*du*» (zürich), juni 1976.
joly, pierre. «max bill.» l'œil no. 254 (lausanne), september 1976
rouiller, jacques d. «max bill, rendre visible l'invisible», *radio/tv* no. 13 (lausanne), 31 mars 1977.
richter-reichenbach, karin sophie. «intensiv-interview mit max bill» (1974) in *grundlagen einer museumsdidaktischen konzeption zur vermittlung zeitgenössischer kunst an jugendliche und erwachsene,* kastellaun: *alois henn,* 1977
hüttinger, eduard. «max bill», monografie. deutsch abc-verlag (zürich), 1977. englisch abc-verlag (zürich), 1978.
anker, valentina. «max bill ou la recherche d'un art logique» édition l'âge d'homme (lausanne), 1979
jouke, gert. «neue möbel», u. a. max bill (rösendorf/oe), 1980
gomringer, eugen (fotos andrey reiser). «max bill», frankfurter allgemeine magazin heft 37, 1980
weinberg-staber, margit. «werbe-stil 1930–1940», museum für gestaltung (zürich) 1981
imdahl, max. «arbeiter diskutieren moderne kunst», rembrandt-verlag (berlin), 1982
reichardt, jasia. «economy, ecology and ethics», building design (london), no. 614, 15. oktober 1982
honisch, dieter. «max bill», kaiserring (goslar), 1982
häsler, alfred. «ein schweizer» in «aussenseiter – innenseiter», verlag huber (frauenfeld), 1983
weinberg-staber, margit. «hocker. daten zur hochschule für gestaltung ulm» in «design für jedermann», mueseum für gestaltung (zürich), 1983
fox-pitt, sarah. «beruf arlecchino». du. (zürich), no. 9, 1983
murai, usami (foto). «sculptures in public places», contemporary sculpture center (tokyo), 1983
baumann, walter. «max bills pavillon-skulptur in zürich», turicum (zürich), winter 1983/84
fleischmann, gerd. «bauhaus, drucksachen, typografie, reklame», verlag marzona (düsseldorf), 1984
shinkosha, seibundo. «max bill, a wide spectrum of activities and the ulm». idea (tokyo), special issue 1984
disch, peter. «max bill, scultura-architettura» rivista tecnica, januar/februar 1984
besset, maurice. «galerie du moulin» (neuchâtel), 1985
santini, pier carlo. «max bill» in «scalpire all'aperto» (carrara), 1984
widmer, urs. «max bill», in «anerkennungsgaben der stadt winterthur 1956–81». stadtbibliothek winterthur, 1984
bürkle, christoph. «besuch bei max bill» in architektur und wohnen (hamburg), no. 5, 25. september 1985
lachenal, françois. «max bill» in «100 jahre kunst in deutschland 1885–1985», böhringer (ingelheim), 1985
blaser, werner. «architektur im möbel», waser (zürich), 1985

von maur, karin. «vom klang der bilder» (stuttgart), 1985
spies, werner. «kontinuität. granit-monolith von max bill» (frankfurt), 1986
bechstein, eva. «die häuser von max bill in zürich-höngg und zumikon»
    (s. 255–267), in hüttinger, eduard (herausgeber). «künstlerhäuser». waser
    (zürich), 1986
mukai, shutaro. max bill. «space design», no 265 (tokyo), oktober 1986
haesli, richard. «ein hauptwerk der modernen kunst». neue zürcher zeitung,
    nr. 234, s. 39, 9. oktober 1986
hecht, axel. «die grösste granit-skulptur der welt», art (hamburg), no. 11,
    november 1986
markus, hella. «kunst als gegenpol zur konsumwelt», budapester rundschau,
    43/1986
bill, jakob. «konkret schweiz heute», pro helvetia, 1986
dabrowski, magdalena. «in contrastes de forma», collecciones r. guggenheim
    museum + museum of modern art new york (madrid), 1986
mc ewen, john/snowdon, tony. «top designers swiss role», the sunday times
    magazine (london), dezember 14, 1986
popovic, darko. «die emanzipation der kunst», nin (belgrad), 11. januar 1987
thomas jankovski, angela. «subversiver glanz, zu einer wanderausstellung von
    max bill», du (zürich), 1/1987
perret, danielle. «max bill, système ou liberté», opus international (paris),
    winter 1987
bruns, jorg-heiko. «max bill-ausstellung in weimar», neues deutschland (berlin), 24. februar 1987
brömel, albrecht. «bill in weimar», treffpunkt/wochenbeilage thüringische
    landeszeitung (erfurt), 7. märz 1987
reckinger, gabriele. «metamorphose von 500 to granit», handelsblatt (düsseldorf), 13. märz 1987
lang, lothar. «max bill, ganz konkret», die weltbühne no. 11 (berlin), 17. märz
    1987
mezei, ottó. «max bill in mücsarnokban», müveszet (budapest), märz 1987
sinkovits, péter. «endlose spirale, interview mit max bill», müveszet (budapest), märz 1987
köhler, regina. «phantastische einheit von kunst und umwelt», neue zeit
    (berlin/ddr), 7. april 1987
bruns, jörn-heiko. «plastik – malerei», mitteilungen (berlin/ddr), april 1987
ulmer, brigitte. «das nennen sie kunst herr bill», sonntags zeitung (zürich),
    17. mai 1987
vachtova, ludmilla. «sternstunde der vernunft, barock umgeben», tagesanzeiger (zürich), 22. mai 1987
grönwald, bernd, «max bill in weimar», bildende kunst (berlin/ddr), heft 8,
    1987

buchpublikationen und grafische mappenwerke von max bill

quinze variations sur un même thème. paris: éditions des chroniques du jour,
    1938. 16 lithografien mit text in französisch, englisch, deutsch. auflage 220.
le corbusier & p. jeanneret: gesamtwerk. band 3, 1934–38, zürich: dr. hans girsberger, 1938. herausgegeben von max bill. jetzt zürich: verlag für architektur.
5 construktionen + 5 compositionen. zürich: allianz-verlag, 1941. 10 originalgrafische blätter (bill, hinterreiter, huber, lohse, loewensberg, brignoni, erni,
    fischli, leuppi, taeuber-arp). herausgegeben von max bill. auflage 100.

robert maillart. salgina-tobel-brücke. 1929–30.

10 original-lithos. zürich: allianz-verlag, 1941, von max bill. mappe, auflage 100.

X = X. zürich: allianz-verlag. 1942. folge von 10 zeichnungen. buchdruck mit text von max bill. auflage 100.

leo leuppi: 10 compositionen. zürich: allianz-verlag, 1943. 10 original-linolschnitte mit einleitung von max bill. auflage 100.

hans arp: 11 configurations, zürich:« allianz-verlag. 1945, herausgegeben von max bill. mit texten von hans arp, max bill, gabrielle buffet-picabia. auflage XX + 200.

wiederaufbau. erlenbach-zürich: verlag für achitektur, 1945.

wassily kandinsky, 10 farbige reproduktionen. basel: holbein-verlag, 1949. ausgewählt und kommentiert von max bill.

robert maillart, brücken und konstruktionen. texte deutsch, französisch, englisch. 1949. 1. auflage, 3. auflage zürich: verlag für architektur, 1969.

moderne schweizer architektur 1925–45. basel: karl werner, 1950.

wassily kandinsky. paris: éditions maeght, 1951. herausgegeben von max bill, texte von jean arp, max bill, charles etienne, c. giedion-welcker, will grohmann, ludwig grote, nina kandinsky, alberto magnelli.

form – eine bilanz über die formentwicklung um die mitte des XX. jahrhunderts. basel: karl werner, 1952. texte deutsch, französisch, englisch.

kandinsky, wassily. *über das geistige in der kunst.* bern: benteli-verlag. 1952. herausgegeben und eingeleitet von max bill.

mies van der rohe. mailand: edizione il balcone, 1955.

kandinsky, wassily. *essays über kunst und künstler.* stuttgart: gerd hatje, 1955. herausgegeben und kommentiert von max bill. ab 2. erweiterter auflage: bern: benteli-verlag, 1963.

die gute form, winterthur: buchdruckerei winterthur ag. 1957.

kandinsky, wassily. *punkt und linie zu fläche.* 4. auflage. bern: benteli-verlag, 1959. herausgegeben und eingeleitet von max bill.

enzo mari. mailand: muggiani, 1959. texte von max bill und bruno munari.

7 scarions. genova-bocadasse: edizioni del deposito, 1967. mappe mit 7 serigrafien (40 × 40 cm). auflage 100 + V.

11 × 4 : 4. zürich: edition bischofberger, 1970. album mit 11 serigrafien (55 × 65 cm) mit text von max bill, deutsch und englisch. auflage 100 + XXXIII.

jahresgabe 1972. kunstmappe schweizerische mobililar, bern 1972. 5 serigrafien. auflage 75 + XV.

system mit fünf vierfarbigen zentren. anleitung zum betrachten eines bildes. st. gallen: erker-verlag, 1972. text von max bill.

transcolorationen in fünf quadraten. norderstedt: meissner edition. 1974. mappe mit 5 serigrafien (60 × 80 cm) und erläuterndem text von max bill. auflage 70 + XXX.

8 = (2 × 4/4) = 8. neuchâtel: édition media, 1974. mappe mit 8 serigrafien (70 × 70 cm). auflage 50 + L.

16 constellations. paris: société internationale d'art XXe siècle, 1974. mappe mit 16 lithografien (36 × 50 cm) und text in französisch, deutsch, englisch von max bill. gedruckt bei mourlot, paris. auflage 125 + XXV.

7 twins. neuchâtel: édition media 1977. mappe mit 7 serigrafien (30 × 60 cm) und text in deutsch, französisch, englisch von max bill. auflage 50 + XXX.

fritz glarner. neuchâtel: edition média, 1982. mappe mit 3 serigrafien (76 × 58 cm) in zusammenarbeit und mit text von max bill. auflage 42.

3 × gleiche farbquanten (im quadrat, dreieck, kreis). 3 serigrafien 70 × 70 cm. buchs (zh) waser verlag 1983. auflage 150.

8 transcolorationen: budapest: produktion forma 5 1986. mappe mit 8 je 4farbigen serigrafien 70 × 50 cm. text von max bill in ungarisch, deutsch, englisch. auflage 120 + XXX.

1944. kunsthalle basel. raum in der ausstellung *konkrete kunst* mit werken von max bill.

ausgewählte texte von max bill seit 1936

konkrete gestaltung in *zeitprobleme in der schweizer malerei und plastik*. zürich: kunsthaus 1936. überarbeitet als: *konkrete kunst* (in dieser publikation enthalten).
«über konkrete Kunst», *werk* (zürich), no. 8, 1938.
«la conquête de l'espace», *XXe siècle* (paris), vol. 2, no. 1, 1939. deutsch «die beherrschung des raumes» in *almanach neuer kunst in der schweiz* (zürich), allianz, 1940.
«paul klee», *werk* (zürich), no. 8, 1940.
«sophie taeuber-arp», *werk* (winterthur), no. 6, 1943.
«von der abstrakten zur konkreten malerei im XX. jahrhundert», *pro arte* (genève), vol. 2, no. 15/16, 1943. überarbeitet für den ausstellungskatalog *arte astratta e concreta,* milano 1947.
«konkrete kunst», basel: kunsthalle, 1944. ausstellungskatalog, texte von hans arp, max bill und a lichtenhan.
«über typografie», *schweizer grafische mitteilungen* (st. gallen), no. 4, 1946.
«wassily kandinsky», *werk* (winterthur), no. 4, 1946.
«frank kupka», *werk* (winterthur), no. 9, 1946.
worte rund um malerei und plastik. im ausstellungskatalog *allianz*. zürich: kunsthaus 1947. ebenfalls in *konkrete kunst: 50 jahre entwicklung*. zürich: helmhaus 1960.
«antoine pevsner», *werk* (winterthur), no. 1, 1947.
«piet mondrian», *werk* (winterthur), no. 4, 1947.
«ausstellungen – ein beitrag zur abklärung von fragen der ausstellungsgestaltung», *werk* (winterthur), no. 3, 1948.
vantongerloo, georges, *georges vantongerloo: paintings, sculptures, reflections*. problems of contemporary art series, no. 5. new york: wittenborn, schultz, inc., 1948. einleitung von max bill.
«graphic art in the world of the atom», *graphis* (zürich), band 4, 1948.
«die mathematische denkweise in der kunst unserer zeit», *werk* (winterthur), no. 3, 1949, und katalog *pevsner, vantongerloo, bill,* kunsthaus zürich, 1949 (in dieser publikation enthalten).
die gute form. zürich: kunstgewerbemuseum der stadt zürich, 1949, für die ausstellung des schweizerischen werkbundes.
«schönheit aus funktion und als funktion», *werk* (winterthur), no. 8, 1949.
«de la surface à l'espace», *XXe siècle* (paris), no. 2, 1951.
«realismus und abstraktion», freiburg im breisgau: kunstverein, 1951 im katalog: bill, bissier, vantongerloo.
«typography today», *typographica* (london), no. 5, 1953.
«the bauhaus idea: from weimar to ulm», *architects' year book* (london), no. 5, 1953.
«base et but de l'esthétique au temps du machinisme», *esthétique industrielle* (paris), no. 10, 1954.
piet mondrian. text im ausstellungskatalog zürich: kunsthaus 1955.
«the beginning of a new epoch in architecture», *architectural design* (london). no. 11, 1955.
«*die komposition I/1925 von piet mondrian», jahresbericht 1956 der zürcher kunstgesellschaft* (zürich), 1956. wiederholt im katalog der hundertjahr-gedächtnisausstellung solomon-r.-guggenheim-museum, new york, 1971, und kunstmuseum bern, 1972.
josef albers, fritz glarner, friedrich vordemberge-gildewart. text im ausstellungskatalog zürich: *kunsthaus*, 1956.
«ein denkmal», *werk* (winterthur), no. 7, 1957.
«aktuelle probleme der gestaltung», *VIR* (köln), no. 3, 1957.
«josef albers», *werk* (winterthur), no. 4, 1958.

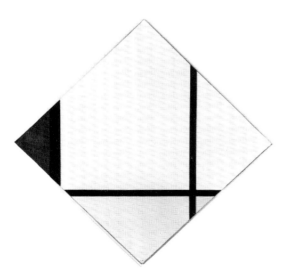

piet mondrian. komposition I mit blau und gelb. 1925. kunsthaus zürich.

georges vantongerloo. konstruktion in der kugel. 1917.

1951–57. stapelstuhl aus pressholz und stahl. industrieprodukt.

«die unbekannte gegenwart», bericht über die gleichnamige ausstellung von max bill. *neue grafik* (zürich), no. 1, 1958.
«der modellfall ulm – zur problematik einer hochschule für gestaltung», *form* (köln), no. 6, 1959.
konkrete kunst: 50 jahre entwicklung. zürich: helmhaus, 1960. text im ausstellungskatalog von rené wehrli, max bill, margit staber.
zu marcel duchamp. dokumentation über marcel duchamp. zürich: *kunstgewerbemuseum der stadt zürich,* 1960. text im ausstellungskatalog.
«une lettre à zodiac: le bauhaus de demain», *zodiac* (milano), no. 5, 1960.
georges vantongerloo. text im monografischen ausstellungskatalog, london: *marlborough fine art,* ltd., 1962.
«einige erfahrungen mit der vorfabrikation und einige schlüsse daraus», *form* (köln), no. 24, 1963.
«structure as art? art as structure?» in *structure in art and in science,* herausgegeben von gyorgy kepes, new york, braziller, 1965 (in dieser publikation enthalten).
«le corbusier», *neue zürcher zeitung* (zürich), no. 3867, 1965.
«das individuelle und das allgemeine in der architektur», in *diskussionsforum schöner wohnen,* stuttgart: teppichgemeinschaft e. V., 1966.
«vantongerloo», *XXe siècle* (paris), no. 28, 1966.
«mes rapports avec l'architecture grecque», einleitung zu *monde grec*/architecture universelle, fribourg: office du livre, 1966.
«responsibility in design and information», *american scholar* (washington, d.c.), band 35. frühjahr 1966.
andreas christen / peter stämpfli. «swiss.» katalog der schweizer beteiligung 9. *biennale de são paulo,* 1967. bern, eidgenössisches departement des innern, 1967.
«la formation de l'architecte», UIA, revue de l'union internationale des architectes (paris), no. 44, 1967.
«laudatio für max von moos», neue zürcher zeitung (zürich), no. 932, 1967. nachdruck in «max von moos». zürich: scheidegger, 1974.
«josef albers», in josef albers – graphic tectonic, herausgegeben von margit staber. köln: *galerie der spiegel,* 1968.
«lieber will», in *lieber freund – künstler schreiben an will grohmann.* herausgegeben von karl gutbrod. köln: *dumont-schauberg,* 1968.
«art as non-changeable fact», in *DATA, directions in art, theory and aesthetics.* herausgegeben von anthony hill. london: faber & faber, 1968 (in dieser publikation enthalten).
fritz glarner. venedig: swiss pavillon, biennale di venezia, 1968. text im katalog.
«ars multiplicata», *kunst* (mainz), no. 29, 1968. interview mit max bill.
«das behagen im kleinstaat – eine rede von max bill», *neue zürcher zeitung* (zürich), no. 795, dezember 1968, und in *«erneuern und beharren»* (bern), jahrbuch der neuen helvetischen gesellschaft, 1970.
«zur kulturellen situation in zürich», in *zürcher-almanach.* zürich: benziger-verlag, 1968.
zürcher künstler: abstrakte und nichtfigürliche richtungen. zürich: helmhaus, 1968. einführung zur ausstellung durch max bill.
«walter gropius – architekt und erzieher in unserer zeit», *universitas* (stuttgart), no. 11, 1969.
«liebe freunde» brief in *ulm, merian,* heft 8/XXII, 1969, hamburg: hoffmann & campe.
«ludwig mies van der rohe, 1886–1969», *neue zürcher zeitung* (zürich), august 1969
«einige feststellungen über kunst», *neutralität* (bern), oktober 1969.
zürcher künstler, konkrete und phantastische richtungen. zürich: helmhaus, 1969. einführung zur ausstellung von max bill.

1964–74. radio zürich. studiogebäude.

«wassily kandinsky» im katalog der retrospektive in der *staatlichen kunsthalle baden-baden,* 1970.
«versuch über material und methoden des dichtens», vowort zu *neutralität* (gedichte), bern, august 1970.
«wassily kandinsky», in *die grossen der weltgeschichte* (band VIII), herausgegeben von kurt fassmann in zusammenarbeit mit max bill, holmar von ditfurth, hanno helbling, walter jens, robert jungk, eugen kogon, zürich: kindler-verlag, 1970.
«piet mondrian», in *die großen der weltgeschichte* (band VIII) (siehe vorstehende angaben).
design? umwelt wird in frage gestellt. berlin: internationales design-zentrum, 1970. beitrag von max bill.
«funzione dell'arte e dell'artista nella società», in *la biennale di venezia* (venezia), band XXI, no. 67–68, 1971.
«fortsetzung notwendig», in *bauhaus und bauhäusler,* herausgegeben von eckhard neumann, bern: hallwag, 1971.
fritz glarner. bern: kunsthalle, 1972. text im ausstellungskatalog.
georges vantongerloo. zürich: galerie scheidegger und maurer, *«splitter«,* no. 6, 1972.
«radio-studio zürich», *werk* (winterthur), band 60, oktober 1973.
«konkrete kunst», im katalog *7 winterthurer konkrete,* kunstmuseum winterthur, 1975.
«bericht zu alexander calder», im katalog der ausstellung *calder,* kunsthaus zürich, 1975.
«umweltschutz und umweltgestaltung», in *die tat/monatsmagazin* (zürich), 29. 9. 1975.
«josef albers gestorben», *neue zürcher zeitung* (zürich). 29.3.1976.
«construttivismo», in *enciclopedia italiana* (roma), 1976 (übersetzung aus dem deutschen sehr fehlerhaft).
«malerei, architektur, plastik – kunst im halbierten jahrzehnt». in: *die vierziger jahre* (zofingen), 1976.
du. zürich, juni 1976. sondernummer der zeitschrift, zusammengestellt und mit texten von max bill.
«idee – konzept – werk: über ein thema». im katalog der gleichnamigen ausstellung, akademie der künste (berlin), mai 1977.
lettres à jean gorin. 1945. macula 2, paris 1977.
«bauhaus» und «abstraction-création» in konstruktive kunst 1915–45/dreissiger jahre. schweiz. kunstmuseum winterthur. 1981.
«struktur-vergleich akustisch – visuell», in tiefenstruktur der musik (festschrift für fritz winkel) berlin, techn. universität. 1982.
«wozu post-moderne?» in architektur der zukunft der architektur. verlag krämer stuttgart 1982.
«il teatro d'ell'expo», abitare no. 206, milano juli/august 1982.
«hilla rebay» by joan n. lukach, braziller, new york 1983.
«arp? hans arp? jean arp? arp!» «du» no 9/1986.
un centenario: georges vantongerloo. elekta milano 1986.
1986 georges vantongerloo 100 jahre. akademie der künste, berlin 1986.
«der landi-stuhl von coray» in hans coray. museum für gestaltung zürich 1986.

dissertationen über max bill

flower, joy. max bill, architect.
dissertation b. a. degree, university of new castle upon tyne. 1967.
bonzato, laura. max bill e la scuola di ulm.
tesi di laurea, università delle studi, padova 1973–74.
anker valentina. max bill ou la recherche d'un art logique. dissertation à l'université de genéve, 1977.
werner zinkand. max bill und die ulmer schule.
magister-arbeit, maximilians-universität münchen. 1985.
hans frei. die bauten der hfg in ulm 1949–1955. architekt max bill.
lizentiatsarbeit, univeristät zürich. 1985.

filme über max bill

oppenheim, roy. *max bill, zum 60. geburtstag,* tv zürich 1968.
kipphoff, petra, *max bill.* nord-west-deutsches fernsehen, 1968/69.
radanowicz, georg. *22 fragen an max bill,* 1968/69.
roy, jean-louis. *max bill.* tv de la suisse romande, 1976. versionen: français, deutsch, english.
doris schmidt, *max bill «zeugen des jahrhunderts».* 1984. ZDF.

werke in öffentlichen sammlungen:

amsterdam	peter stuyvesant collection
antwerpen	middelheimpark
basel	kunstmuseum / arp foundation und hofmann-stiftung
baltimore	museum / würzburger sammlung
belfast	the ulster museum
berlin	bauhaus archiv
bern	kunstmuseum
bochum	städtische kunstgalerie
bottrop	quadrat / städtische galerie
brugg	stadthaus
bruxelles	musées royaux des beaux-arts
buffalo	albright-knox art gallery
cadaques	museo comunal
cambridge, usa	busch-reisinger museum
cala ratjada / mallorca	fundacion march
caracas	museo de bellas artes
chambéry	musée
chicago	art institute of chicago
dallas	dallas museum of modern art
detroit	institute of arts
dortmund	spielkasino hohensyburg
dublin	gallery of modern art
duisburg	wilhelm-lehmbruck-museum
düsseldorf	kunstmuseum
essen	ferrostaal, gegenüber im stadtpark
frankfurt	deutsche bank
genève	ville de genève
genève	musée d'art et d'histoire
goslar	neuwerkgarten stadt goslar
grenchen	stadt grenchen / park-theater
grenoble	musée de peinture et de sculpture
hamburg	stadt hamburg / kennedy brücke
hannover	niedersächsisches landesmuseum / sprengel museum
horw	zentralschweizerisches technikum
humlebaek / danmark	louisiana museum
ingolstadt	städtische sammlung
jerusalem	jerusalem foundation
kaiserslautern	pfalzgalerie
karlsruhe	universität
leverkusen	museum schloss morsbroich
linz	stadtpark
locarno	museo d'arte contemporanea
los angeles	county museum of art
lugano	stadt / seepromenade
luzern	kunstmuseum
marl	stadtpark
milwaukee	art center
montréal	museum of fine arts
montréal	museum of contemporary art
mountainville n.y.	storm king art center
münchen	klinik grosshadern
nagaoka	nagaoka museum of contemporary art
new york city	ciba-geigy collection
new york city	museum of modern art, mc crory corporation
new york city	the rapid american corporation
new york city	solomon r. guggenheim museum
new york city	new york university art collection

niagara falls	the carborundum company gallery
paris	centre georges pompidou
parma	centro studi
pocantico, n.y., usa	kykuit/rockefeller
riehen bs	gemeindehaus
rio de janeiro	museu de arte moderna
roma	galleria nazionale d'arte moderna
san francisco	museum
sankt gallen	stadt, migros-geschenk
são paulo	museu de arte moderna
stuttgart	daimler-benz museum
stuttgart	staatsgalerie
tampere (suomi)	sara hildénin art museum
teheran	modern art museum
tel aviv	modern art museum/rickles hall
toronto	art gallery of ontario
trier	stadt trier
ulm	universität
ulm	stadt (einstein-monument)
uster	stadt uster, stadthaus
utrecht	catharijne convent
venedig	sala appollonio/asac
wien	museum des 20. jahrhunderts
washington d.c.	the hirshhorn museum
winterthur	kunstmuseum
winterthur	stadt winterthur
winterthur	versicherung
zürich	eidg. techn. hochschule
zürich	radiogebäude
zürich	stadt zürich, leihgabe an das kunsthaus
zürich	kunsthaus
zürich	IBM – general guisan-quai
zürich	bahnhofstrasse-pelikanstrasse

fotonachweis

in dieser publikation wurden fotos reproduziert von:
alrège sa. lausanne; binia bill, zumikon; max bill, zumikon; hans bissegger, frauenfeld und zürich; walter dräyer, zürich; fotodienst, gemeinde utrecht; gaechter & clahsen, zürich; hugo p. herdeg, christian herdeg, zürich; angela thomas jankowski, zürich; konrad keller, frauenfeld; andrej kubicek, prag; jean-pierre kuhn, schweiz. institut für kunstwissenschaft, zürich; rainer langer, weimar; fred mayer, zürich; günter meier, dinslaken; andré melchior, uitikon-zürich; herbert michel, volketswil-zürich; mühlensiep, ulm; ernst müller, neuhausen; milan pesselet, nationalgalerie prag; michael roggemann, berlin; ernst scheidegger, zürich; e. schönborn, zentrum für kunstausstellungen ddr, berlin; wolfgang siol, ulm; elisabeth speidel, hamburg; studio cohen, remscheid; claudia toma, padua; roman urhausen, köln; malcolm varon, new york; leonhard zubler, zürich.

corrigenda

dieses buch wurde – als 2. auflage des 1977 erschienenen – als katalog der retrospektive in der schirn kunsthalle, frankfurt (12. juni – 2. august 1987), zu sehr spätem zeitpunkt beschlossen, und von der dr. cantz'schen druckerei stuttgart, im eiltempo rechtzeitig zur eröffnung fertiggestellt. dadurch haben sich einige sinnstörende fehler eingeschlichen. die leser und betrachter mögen die korrekturen bitte nachsichtig zur kenntnis nehmen.

max bill

s. 13   (1935) aline valangin
s. 61   sardischer granit
s. 68   bild steht auf dem kopf
s. 76   grafische sammlung / staatsgalerie stuttgart
s. 96   ⌀ 8–12 meter
s. 99   120 x 80 cm
s. 113   110 x 103 cm
s. 123   66 x 38 x 60 cm
s. 142   96 x 32 cm
s. 144   drehen: linke obere ecke = linke untere ecke
s. 197   drei weisse akzente steht auf dem kopf
s. 225   biel 1980 / zerstört
s. 221   (1983) galerie bertram
s. 246   bildlegende auswechseln mit s. 247

9783855041091.3